RECETTES DE GÂTEAUX SUPER SAVOUREUX 2021

MEILLEURES RECETTES POUR LES DÉBUTANTS

SARAH PIERCE

Table des matières

Glaçage Glacé

Donne assez pour couvrir un gâteau de 20 cm/8 po

100 g/4 oz/2/3 tasse de sucre à glacer (à confiserie), tamisé

25-30 ml/1½-2 cuillères à soupe d'eau

Quelques gouttes de colorant alimentaire (facultatif)

Mettre le sucre dans un bol et mélanger petit à petit dans l'eau jusqu'à ce que le glaçage soit onctueux. Colorez avec quelques gouttes de colorant alimentaire, si vous le souhaitez. Le glaçage deviendra opaque s'il est étalé sur des gâteaux froids ou transparent s'il est étalé sur des gâteaux chauds.

Glaçage au café

Donne assez pour couvrir un gâteau de 20 cm/8 po

100 g/4 oz/2/3 tasse de sucre à glacer (à confiserie), tamisé

25-30 ml/1½-2 cuillères à soupe de café noir très fort

Mettre le sucre dans un bol et incorporer le café petit à petit jusqu'à ce que le glaçage soit onctueux.

Glaçage au citron

Donne assez pour couvrir un gâteau de 20 cm/8 po

100 g/4 oz/2/3 tasse de sucre à glacer (à confiserie), tamisé

25-30 ml/1½-2 cuillères à soupe de jus de citron

Zeste finement râpé d'1 citron

Mettez le sucre dans un bol et mélangez-y le jus de citron et le zeste petit à petit jusqu'à ce que le glaçage soit onctueux.

Glaçage à l'orange

Donne assez pour couvrir un gâteau de 20 cm/8 po

100 g/4 oz/2/3 tasse de sucre à glacer (à confiserie), tamisé

25-30 ml/1½-2 cuillères à soupe de jus d'orange

Le zeste d'une orange finement râpé

Mettre le sucre dans un bol et incorporer le jus d'orange et le zeste petit à petit jusqu'à ce que le glaçage soit onctueux.

Glaçage au rhum

Donne assez pour couvrir un gâteau de 20 cm/8 po

100 g/4 oz/2/3 tasse de sucre à glacer (à confiserie), tamisé

25-30 ml/1½-2 cuillères à soupe de rhum

Mettre le sucre dans un bol et incorporer le rhum petit à petit jusqu'à ce que le glaçage soit onctueux.

Glaçage Glacé à la Vanille

Donne assez pour couvrir un gâteau de 20 cm/8 po

100 g/4 oz/2/3 tasse de sucre à glacer (à confiserie), tamisé

25 ml/1½ cuillère à soupe d'eau

Quelques gouttes d'essence de vanille (extrait)

Mettre le sucre dans un bol et mélanger petit à petit l'eau et l'essence de vanille jusqu'à ce que le glaçage soit onctueux.

Glaçage au chocolat bouilli

Donne assez pour couvrir un gâteau de 23 cm/9 po

275 g/10 oz/1¼ tasses de sucre en poudre (superfin)

100 g/4 oz/1 tasse de chocolat nature (semi-sucré)

50 g/2 oz/¼ tasse de cacao (chocolat non sucré) en poudre

120 ml/4 fl oz/½ tasse d'eau

Porter tous les ingrédients à ébullition en remuant jusqu'à ce que le tout soit bien mélangé. Faire bouillir à feu moyen jusqu'à 108°C/220°F ou lorsqu'un long fil se forme lorsqu'on le tire entre deux cuillères à café. Verser dans un grand bol et battre jusqu'à consistance épaisse et brillante.

Garniture au chocolat et à la noix de coco

Donne assez pour couvrir un gâteau de 23 cm/9 po

175 g/6 oz/1½ tasses de chocolat nature (mi-sucré)

90 ml/6 cuillères à soupe d'eau bouillante

225 g/8 oz/2 tasses de noix de coco desséchée (râpée)

Réduire en purée le chocolat et l'eau dans un mélangeur ou un robot culinaire, puis ajouter la noix de coco et mélanger jusqu'à consistance lisse. Saupoudrer sur des gâteaux simples encore chauds.

Garniture au fudge

Donne assez pour couvrir un gâteau de 23 cm/9 po

50 g/2 oz/¼ tasse de beurre ou de margarine

45 ml/3 cuillères à soupe de poudre de cacao (chocolat non sucré)

60 ml/4 cuillères à soupe de lait

425 g/15 oz/2½ tasses de sucre à glacer (à confiserie), tamisé

5 ml/1 cuillère à café d'essence de vanille (extrait)

Faire fondre le beurre ou la margarine dans une petite casserole, puis incorporer le cacao et le lait. Porter à ébullition en remuant continuellement, puis retirer du feu. Incorporer graduellement le sucre et l'essence de vanille et battre jusqu'à consistance lisse.

Garniture au fromage à la crème sucré

Donne assez pour couvrir un gâteau de 30 cm/12 po

100 g/4 oz/½ tasse de fromage à la crème

25 g/1 oz/2 c. à soupe de beurre ou de margarine, ramolli

350 g/12 oz/2 tasses de sucre à glacer (pour confiseurs), tamisé

5 ml/1 cuillère à café d'essence de vanille (extrait)

30 ml/2 cuillères à soupe de miel clair (facultatif)

Battre ensemble le fromage à la crème et le beurre ou la margarine jusqu'à consistance légère et mousseuse. Incorporer graduellement le sucre et l'essence de vanille jusqu'à consistance lisse. Sucrez avec un peu de miel, si vous le souhaitez.

Glaçage velours américain

Donne assez pour couvrir deux gâteaux de 23 cm/9 po

175 g/6 oz/1½ tasses de chocolat nature (mi-sucré)

120 ml/4 fl oz/½ tasse de crème aigre-douce

5 ml/1 cuillère à café d'essence de vanille (extrait)

Une pincée de sel

400 g/14 oz/21/3 tasses de sucre à glacer (à confiserie), tamisé

Faites fondre le chocolat dans un bol résistant à la chaleur au-dessus d'une casserole d'eau frémissante. Retirer du feu et incorporer la crème, l'essence de vanille et le sel. Incorporer graduellement le sucre jusqu'à consistance lisse.

Glaçage au beurre

Donne assez pour couvrir un gâteau de 23 cm/9 po

50 g/2 oz/¼ tasse de beurre ou de margarine, ramolli

250 g/9 oz/1½ tasses de sucre à glacer (à confiser), tamisé

5 ml/1 cuillère à café d'essence de vanille (extrait)

30 ml/2 cuillères à soupe de crème simple (légère)

Crémer le beurre ou la margarine jusqu'à ce qu'il soit tendre, puis incorporer progressivement le sucre, l'essence de vanille et la crème jusqu'à consistance lisse et crémeuse.

Glaçage au caramel

Donne assez pour remplir et couvrir un gâteau de 23 cm/9 po

100 g/4 oz/½ tasse de beurre ou de margarine

225 g/8 oz/1 tasse de cassonade molle

60 ml/4 cuillères à soupe de lait

350 g/12 oz/2 tasses de sucre à glacer (pour confiseurs), tamisé

Faire fondre le beurre ou la margarine et le sucre à feu doux en remuant continuellement jusqu'à homogénéité. Incorporer le lait et porter à ébullition. Retirer du feu et laisser refroidir. Incorporer le sucre glace jusqu'à obtention d'une consistance tartinable.

Glaçage au citron

Donne assez pour couvrir un gâteau de 23 cm/9 po

25 g/1 oz/2 cuillères à soupe de beurre ou de margarine

5 ml/1 c. à thé de zeste de citron râpé

30 ml/2 cuillères à soupe de jus de citron

250 g/9 oz/1½ tasses de sucre à glacer (à confiser), tamisé

Crémer ensemble le beurre ou la mar-garine et le zeste de citron jusqu'à consistance légère et mousseuse. Incorporer graduellement le jus de citron et le sucre jusqu'à consistance lisse.

Glaçage à la crème au beurre au café

Donne assez pour remplir et couvrir un gâteau de 23 cm/9 po

1 blanc d'oeuf

75 g/3 oz/1/3 tasse de beurre ou de margarine, ramolli

30 ml/2 cuillères à soupe de lait chaud

5 ml/1 cuillère à café d'essence de vanille (extrait)

15 ml/1 cuillère à soupe de granulés de café instantané

Une pincée de sel

350 g /12 oz/2 tasses de sucre à glacer (à confiserie), tamisé

Mélanger le blanc d'œuf, le beurre ou la margarine, le lait chaud, l'essence de vanille, le café et le sel. Incorporer graduellement le sucre glace jusqu'à consistance lisse.

Glaçage Lady Baltimore

Donne assez pour remplir et couvrir un gâteau de 23 cm/9 po

50 g/2 oz/1/3 tasse de raisins secs, hachés

50 g/2 oz/¼ tasse de cerises glacées (confites), hachées

50 g/2 oz/½ tasse de noix de pécan, hachées

25 g/1 oz/3 cuillères à soupe de figues séchées, hachées

2 blancs d'oeufs

350 g/12 oz/1½ tasses de sucre en poudre (superfin)

Une pincée de crème de tartre

75 ml/5 cuillères à soupe d'eau froide

Une pincée de sel

5 ml/1 cuillère à café d'essence de vanille (extrait)

Mélanger les raisins secs, les cerises, les noix et les figues. Battre les blancs d'œufs, le sucre, la crème de tartre, l'eau et le sel dans un bol résistant à la chaleur posé sur une casserole d'eau frémissante pendant environ 5 minutes jusqu'à formation de pics fermes. Retirer du feu et incorporer l'essence de vanille. Mélangez les fruits dans un tiers du glaçage et utilisez-les pour remplir le gâteau, puis étalez le reste sur le dessus et les côtés du gâteau.

Glaçage blanc

Donne assez pour couvrir un gâteau de 23 cm/9 po

225 g/8 oz/1 tasse de sucre granulé

1 blanc d'oeuf

30 ml/2 cuillères à soupe d'eau

15 ml/1 c. à soupe de sirop doré (maïs léger)

Battre le sucre, le blanc d'œuf et l'eau dans un bol résistant à la chaleur posé sur une casserole d'eau frémissante. Continuez à battre jusqu'à 10 minutes jusqu'à ce que le mélange épaississe et forme des pics fermes. Retirer du feu et ajouter le sirop. Continuer à battre jusqu'à consistance étalée.

Glaçage blanc crémeux

Donne assez pour remplir et couvrir un gâteau de 23 cm/9 po

75 ml/5 c. à soupe de crème simple (légère)

5 ml/1 cuillère à café d'essence de vanille (extrait)

75 g/3 oz/1/3 tasse de fromage à la crème

10 ml/2 c. à thé de beurre ou de margarine, ramolli

Une pincée de sel

350 g/12 oz/2 tasses de sucre à glacer (pour confiseurs), tamisé

Mélanger la crème, l'essence de vanille, le fromage à la crème, le beurre ou la margarine et le sel jusqu'à consistance lisse. Incorporer graduellement le sucre glace jusqu'à consistance lisse.

Glaçage blanc moelleux

Donne assez pour remplir et couvrir un gâteau de 23 cm/9 po

2 blancs d'oeufs

350 g/12 oz/1½ tasses de sucre en poudre (superfin)

Une pincée de crème de tartre

75 ml/5 cuillères à soupe d'eau froide

Une pincée de sel

5 ml/1 cuillère à café d'essence de vanille (extrait)

Battre ensemble les blancs d'œufs, le sucre, la crème de tartre, l'eau et le sel dans un bol résistant à la chaleur posé sur une casserole d'eau frémissante pendant environ 5 minutes jusqu'à formation de pics fermes. Retirer du feu et incorporer l'essence de vanille. Utilisez-le pour prendre le gâteau en sandwich, puis étalez le reste sur le dessus et les côtés du gâteau.

Glaçage au sucre brun

Donne assez pour couvrir un gâteau de 23 cm/9 po

225 g/8 oz/1 tasse de cassonade molle

1 blanc d'oeuf

30 ml/2 cuillères à soupe d'eau

5 ml/1 cuillère à café d'essence de vanille (extrait)

Battre le sucre, le blanc d'œuf et l'eau dans un bol résistant à la chaleur posé sur une casserole d'eau frémissante. Continuez à battre jusqu'à 10 minutes jusqu'à ce que le mélange épaississe et forme des pics fermes. Retirer du feu et ajouter l'essence de vanille. Continuer à battre jusqu'à consistance étalée.

Glaçage à la crème au beurre à la vanille

Donne assez pour remplir et couvrir un gâteau de 23 cm/9 po

1 blanc d'oeuf

75 g/3 oz/1/3 tasse de beurre ou de margarine, ramolli

30 ml/2 cuillères à soupe de lait chaud

5 ml/1 cuillère à café d'essence de vanille (extrait)

Une pincée de sel

350 g /12 oz/2 tasses de sucre à glacer (à confiserie), tamisé

Mélanger le blanc d'œuf, le beurre ou la margarine, le lait chaud, l'essence de vanille et le sel. Incorporer graduellement le sucre glace jusqu'à consistance lisse.

Crème à la vanille

Donne 600 ml/1 pt/2½ tasses

100 g/4 oz/½ tasse de sucre en poudre (superfin)

50 g/2 oz/¼ tasse de farine de maïs (fécule de maïs)

4 jaunes d'oeufs

600 ml/1 pt/2½ tasses de lait

1 gousse de vanille (gousse)

Sucre à glacer (de confiserie), tamisé, pour saupoudrer

Fouetter la moitié du sucre avec la maïzena et les jaunes d'œufs jusqu'à homogénéité. Portez à ébullition le reste du sucre et le lait avec la gousse de vanille. Fouettez le mélange de sucre dans le lait chaud, puis remettez à ébullition sans cesser de fouetter et laissez cuire 3 minutes jusqu'à épaississement. Verser dans un bol, saupoudrer de sucre glace pour éviter la formation d'une peau et laisser refroidir. Battre à nouveau avant utilisation.

Garniture à la crème

Donne assez pour remplir un gâteau de 23 cm/9 po

325 ml/11 fl oz/11/3 tasses de lait

45 ml/3 c. à soupe de fécule de maïs (fécule de maïs)

60 g/2½ oz/1/3 tasse de sucre en poudre (superfin)

1 oeuf

15 ml/1 c. à soupe de beurre ou de margarine

5 ml/1 cuillère à café d'essence de vanille (extrait)

Mélanger 30 ml/2 cuillères à soupe de lait avec la maïzena, le sucre et l'œuf. Amener le reste du lait juste en dessous du point d'ébullition dans une petite casserole. Incorporer progressivement le lait chaud au mélange d'œufs. Rincez la casserole, puis remettez le mélange dans la casserole et remuez à feu doux jusqu'à ce qu'il épaississe. Incorporer le beurre ou la margarine et l'essence de vanille. Couvrir de papier sulfurisé beurré (ciré) et laisser refroidir.

Garniture à la crème danoise

Donne 750 ml/1¼ pts/3 tasses

2 oeufs

50 g/2 oz/¼ tasse de sucre en poudre (superfin)

50 g/2 oz/½ tasse de farine ordinaire (tout usage)

600 ml/1 pt/2½ tasses de lait

¼ gousse de vanille (gousse)

Battre ensemble les œufs et le sucre jusqu'à consistance épaisse. Incorporer progressivement la farine. Porter à ébullition le lait et la gousse de vanille. Retirer la gousse de vanille et incorporer le lait au mélange d'œufs. Remettre dans la casserole et laisser mijoter doucement pendant 2-3 minutes, en remuant continuellement. Laisser refroidir avant utilisation.

Riche garniture à la crème danoise

Donne 750 ml/1¼ pts/3 tasses

4 jaunes d'oeufs

30 ml/2 cuillères à soupe de sucre semoule

25 ml/1½ c. à soupe de farine ordinaire (tout usage)

10 ml/2 c. à thé de farine de pomme de terre

450 ml/¾ pt/2 tasses de crème simple (légère)

Quelques gouttes d'essence de vanille (extrait)

150 ml/¼ pt/2/3 tasse de crème double (épaisse), fouettée

Mélanger les jaunes d'œufs, le sucre, les farines et la crème dans une casserole. Fouettez à feu moyen jusqu'à ce que le mélange commence à épaissir. Ajouter l'essence de vanille, puis laisser refroidir. Incorporer la chantilly.

Crème Pâtissière

Donne 300 ml/½ pt/1¼ tasses

2 œufs, séparés

45 ml/3 c. à soupe de fécule de maïs (fécule de maïs)

300 ml/½ pt/1¼ tasse de lait

Quelques gouttes d'essence de vanille (extrait)

50 g/2 oz/¼ tasse de sucre en poudre (superfin)

Mélanger les jaunes d'œufs, la fécule de maïs et le lait dans une petite casserole jusqu'à homogénéité. Porter à ébullition à feu moyen, puis laisser mijoter 2 minutes en remuant tout le temps. Incorporer l'essence de vanille et laisser refroidir.

Battre les blancs d'œufs jusqu'à ce qu'ils soient fermes, puis ajouter la moitié du sucre et fouetter à nouveau jusqu'à ce qu'ils forment des pics fermes. Incorporer le reste du sucre. Incorporer au mélange de crème et réfrigérer jusqu'au moment de l'utiliser.

Garniture à la crème au gingembre

Donne assez pour remplir un gâteau de 23 cm/9 po

100 g/4 oz/½ tasse de beurre ou de margarine, ramolli

450 g/1 lb/22/3 tasses de sucre à glacer (à confiserie), tamisé

5 ml/1 c. à thé de gingembre moulu

30 ml/2 cuillères à soupe de lait

75 g/3 oz/¼ tasse de mélasse noire (mélasse)

Battre le beurre ou la margarine avec le sucre et le gingembre jusqu'à consistance légère et crémeuse. Incorporer graduellement le lait et la mélasse jusqu'à consistance lisse et tartinable. Si la garniture est trop fine, ajoutez un peu plus de sucre.

Garniture de citron

Donne 250 ml/8 fl oz/1 tasse

100 g/4 oz/½ tasse de sucre en poudre (superfin)

30 ml/2 cuillères à soupe de fécule de maïs (fécule de maïs)

60 ml/4 cuillères à soupe de jus de citron

15 ml/1 cuillère à soupe de zeste de citron râpé

120 ml/4 fl oz/½ tasse d'eau

Une pincée de sel

15 ml/1 c. à soupe de beurre ou de margarine

Mélanger tous les ingrédients sauf le beurre ou la margarine dans une petite casserole à feu doux, en remuant doucement jusqu'à ce que le mélange soit homogène. Porter à ébullition et faire bouillir pendant 1 minute. Incorporer le beurre ou la margarine et laisser refroidir. Réfrigérer avant utilisation.

Glaçage au chocolat

Donne assez pour glacer un gâteau de 25 cm/10 en

50 g/2 oz/½ tasse de chocolat nature (mi-sucré), haché

50 g/2 oz/¼ tasse de beurre ou de margarine

2,5 ml/½ cuillère à café d'essence de vanille (extrait)

75 ml/5 cuillères à soupe d'eau bouillante

350 g/12 oz/2 tasses de sucre à glacer (pour confiseurs), tamisé

Mélanger tous les ingrédients dans un mélangeur ou un robot culinaire jusqu'à consistance lisse, en poussant les ingrédients vers le bas si nécessaire. A utiliser en une seule fois.

Glaçage au gâteau aux fruits

Donne assez pour glacer un gâteau de 25 cm/10 en

75 ml/5 c. à soupe de sirop doré (maïs léger)

60 ml/4 c. à soupe de jus d'ananas ou d'orange

Mélanger le sirop et le jus dans une petite casserole et porter à ébullition. Retirer du feu et badigeonner le mélange sur le dessus et les côtés d'un gâteau refroidi. Laisser poser. Portez à nouveau le glaçage à ébullition et badigeonnez le gâteau d'une seconde couche.

Glaçage à l'orange pour gâteau aux fruits

Donne assez pour glacer un gâteau de 25 cm/10 en

50 g/2 oz/¼ tasse de sucre en poudre (superfin)

30 ml/2 cuillères à soupe de jus d'orange

10 ml/2 c. à thé de zeste d'orange râpé

Mélanger les ingrédients dans une petite casserole et porter à ébullition en remuant constamment. Retirer du feu et badigeonner le mélange sur le dessus et les côtés d'un gâteau refroidi. Laisser poser. Portez à nouveau le glaçage à ébullition et badigeonnez le gâteau d'une seconde couche.

Carrés Amandes Meringuées

Donne 12

Pâte brisée 225 g/8 oz

60 ml/4 c. à soupe de confiture de framboises (conserver)

2 blancs d'oeufs

50 g/2 oz/½ tasse d'amandes moulues

100 g/4 oz/½ tasse de sucre en poudre (superfin)

Quelques gouttes d'essence d'amande (extrait)

25 g/1 oz/¼ tasse d'amandes effilées (émincées)

Abaisser la pâte (pâte) et l'utiliser pour tapisser un moule à pain suisse graissé de 30 x 20 cm/12 x 8 (moule à pâtisserie). Tartiner de confiture. Battre les blancs d'œufs en neige ferme, puis incorporer délicatement la poudre d'amandes, le sucre et l'essence d'amande. Étaler sur la confiture et parsemer d'amandes effilées. Cuire au four préchauffé à 180°C/350°F/thermostat 4 pendant 45 minutes jusqu'à ce qu'ils soient dorés et croustillants. Laisser refroidir, puis couper en carrés.

Gouttes d'ange

Donne 24

50 g/2 oz/¼ tasse de beurre ou de margarine, ramolli

50 g/2 oz/¼ tasse de saindoux (shortening)

100 g/4 oz/½ tasse de sucre en poudre (superfin)

1 petit œuf battu

Quelques gouttes d'essence de vanille (extrait)

175 g/6 oz/1½ tasses de farine auto-levante (auto-levante)

45 ml/3 c. à soupe de flocons d'avoine

50 g/2 oz/¼ tasse de cerises glacées (confites), coupées en deux

Crémer ensemble le beurre ou la mar-garine, le saindoux et le sucre jusqu'à consistance légère et mousseuse. Incorporer l'œuf et l'essence de vanille, puis incorporer la farine et mélanger en une pâte ferme. Cassez en petites boules et roulez-les dans les flocons d'avoine. Placer bien à part sur une plaque à pâtisserie graissée et garnir chacun d'une cerise. Cuire au four préchauffé à 180°C/350°F/thermostat 4 pendant 20 minutes jusqu'à ce qu'ils soient juste fermes. Laisser refroidir sur la plaque.

Amandes effilées

Donne 12

100 g/4 oz/½ tasse de beurre ou de margarine

225 g/8 oz/2 tasses de farine ordinaire (tout usage)

5 ml/1 cuillère à café de levure chimique

50 g/2 oz/¼ tasse de sucre en poudre (superfin)

1 œuf, séparé

75 ml/5 c. à soupe de confiture de framboises (conserver)

100 g/4 oz/2/3 tasse de sucre à glacer (à confiserie), tamisé

100 g/4 oz/1 tasse d'amandes effilées (émincées)

Frotter le beurre ou la margarine dans la farine et la levure jusqu'à ce que le mélange ressemble à de la chapelure. Incorporer le sucre, puis incorporer le jaune d'œuf et pétrir jusqu'à obtenir une pâte ferme. Étaler sur une surface légèrement farinée pour tenir dans un moule à cake beurré de 30 x 20 cm/12 x 8 in (moule à pâtisserie). Presser doucement dans le moule et soulever légèrement les bords de la pâte pour former une lèvre. Tartiner de confiture. Battre le blanc d'œuf jusqu'à ce qu'il soit ferme, puis incorporer progressivement le sucre glace. Étaler sur la confiture et parsemer d'amandes. Cuire au four préchauffé à 160°C/325°F/thermostat 3 pendant 1 heure jusqu'à ce qu'ils soient dorés et juste fermes. Laisser refroidir dans le moule pendant 5 minutes, puis couper en doigts et démouler sur une grille pour terminer le refroidissement.

Tartelettes Bakewell

Donne 24

Pour la pâtisserie :

25 g/1 oz/2 cuillères à soupe de saindoux (shortening)

25 g/1 oz/2 cuillères à soupe de beurre ou de margarine

100 g/4 oz/1 tasse de farine ordinaire (tout usage)

Une pincée de sel

30 ml/2 cuillères à soupe d'eau

45 ml/3 c. à soupe de confiture de framboises (conserver)

Pour le remplissage:

50 g/2 oz/¼ tasse de beurre ou de margarine, ramolli

50 g/2 oz/¼ tasse de sucre en poudre (superfin)

1 œuf, légèrement battu

25 g/1 oz/¼ tasse de farine auto-levante (auto-levante)

25 g/1 oz/¼ tasse d'amandes moulues

Quelques gouttes d'essence d'amande (extrait)

Pour faire la pâte (pâte), frotter le saindoux et le beurre ou la margarine dans la farine et le sel jusqu'à ce que le mélange ressemble à de la chapelure. Mélanger suffisamment d'eau pour faire une pâte molle. Étalez finement sur une surface légèrement farinée, coupez en cercles de 7,5 cm/ 3 et garnissez-en les sections de deux moules à pain graissés (moules à galettes). Remplir de confiture.

Pour faire la garniture, crémer ensemble le beurre ou la margarine et le sucre, puis incorporer progressivement l'œuf. Incorporer la farine, les amandes moulues et l'essence d'amande. Répartir le mélange dans les tartelettes, en scellant les bords à la pâte pour que la confiture soit complètement recouverte. Cuire au four préchauffé à 180°C/350°F/thermostat 4 pendant 20 minutes jusqu'à ce qu'ils soient dorés.

Gâteaux papillon au chocolat

Donne environ 12 gâteaux

Pour les gâteaux :

100 g/4 oz/½ tasse de beurre ou de margarine, ramolli

100 g/4 oz/½ tasse de sucre en poudre (superfin)

2 œufs, légèrement battus

100 g/4 oz/1 tasse de farine auto-levante (auto-levante)

30 ml/2 cuillères à soupe de cacao (chocolat non sucré) en poudre

Une pincée de sel

30 ml/2 cuillères à soupe de lait froid

Pour le glaçage (glaçage):

50 g/2 oz/¼ tasse de beurre ou de margarine, ramolli

100 g/4 oz/2/3 tasse de sucre à glacer (à confiserie), tamisé

10 ml/2 c. à thé de lait chaud

Pour faire les gâteaux, crémer ensemble le beurre ou la margarine et le sucre jusqu'à ce qu'ils soient pâles et mousseux. Incorporer progressivement les œufs en alternance avec la farine, le cacao et le sel, puis ajouter le lait pour obtenir un mélange souple. Verser dans des gâteaux en papier (papiers à cupcakes) ou des moules à pain graissés (moules à galettes) et cuire au four préchauffé à 190 °/375 °F/thermostat 5 pendant 15 à 20 minutes jusqu'à ce qu'ils soient bien levés et souples au toucher. Laisser refroidir. Coupez les sommets des gâteaux horizontalement, puis coupez les sommets en deux verticalement pour faire les «ailes» du papillon.

Pour faire le glaçage, battez le beurre ou la margarine jusqu'à ce qu'ils soient tendres, puis incorporez la moitié du sucre glace. Incorporer le lait puis le sucre restant. Répartir le mélange de glaçage entre les gâteaux, puis enfoncer les « ailes » dans le dessus des gâteaux en biais.

Gâteaux à la noix de coco

Donne 12

Pâte brisée 100 g/4 oz

50 g/2 oz/¼ tasse de beurre ou de margarine, ramolli

50 g/2 oz/¼ tasse de sucre en poudre (superfin)

1 œuf battu

25 g/1 oz/2 cuillères à soupe de farine de riz

50 g/2 oz/½ tasse de noix de coco desséchée (râpée)

1,5 ml/¼ cuillère à café de levure chimique

60 ml/4 c. à soupe de pâte à tartiner au chocolat

Abaisser la pâte (pâte) et l'utiliser pour tapisser les sections d'un moule à pain (patty pan). Crémer ensemble le beurre ou la margarine et le sucre, puis incorporer l'œuf et la farine de riz. Incorporer la noix de coco et la levure chimique. Mettre une petite cuillerée de pâte à tartiner au fond de chaque fond de tarte (fond de tarte). Verser le mélange de noix de coco sur le dessus et cuire au four préchauffé à 200°C/400°F/thermostat 6 pendant 15 minutes jusqu'à ce qu'il soit levé et doré.

Petits gâteaux sucrés

Donne 15

100 g/4 oz/½ tasse de beurre ou de margarine, ramolli

225 g/8 oz/1 tasse de sucre en poudre (superfin)

2 oeufs

5 ml/1 cuillère à café d'essence de vanille (extrait)

175 g/6 oz/1½ tasses de farine auto-levante (auto-levante)

5 ml/1 cuillère à café de levure chimique

Une pincée de sel

75 ml/5 cuillères à soupe de lait

Crémer ensemble le beurre ou la margarine et le sucre jusqu'à consistance légère et mousseuse. Ajouter progressivement les œufs et l'essence de vanille en battant bien après chaque ajout. Incorporer la farine, la levure chimique et le sel en alternant avec le lait en battant bien. Verser le mélange dans des caissettes en papier (papier à cupcakes) et cuire au four préchauffé à 190°C/375°F/thermostat 5 pendant 20 minutes jusqu'à ce qu'un cure-dent inséré au centre en ressorte propre.

Gâteaux au café

Donne 12

Pour les gâteaux :

100 g/4 oz/½ tasse de beurre ou de margarine, ramolli

100 g/4 oz/½ tasse de sucre en poudre (superfin)

2 œufs, légèrement battus

100 g/4 oz/1 tasse de farine auto-levante (auto-levante)

10 ml/2 c. à thé d'essence de café (extrait)

Pour le glaçage (glaçage):

50 g/2 oz/¼ tasse de beurre ou de margarine, ramolli

100 g/4 oz/2/3 tasse de sucre à glacer (à confiserie), tamisé

Quelques gouttes d'essence de café (extrait)

100 g/4 oz/1 tasse de pépites de chocolat

Pour faire les gâteaux, crémer ensemble le beurre ou la margarine et le sucre jusqu'à consistance légère et mousseuse. Incorporer progressivement les œufs, puis incorporer la farine et l'essence de café. Verser le mélange dans des moules à gâteaux en papier (papiers à cupcakes) placés dans un moule à pain (moule à galettes) et cuire au four préchauffé à 180°C/350°F/thermostat 4 pendant 20 minutes jusqu'à ce qu'il soit bien levé et souple au toucher. Laisser refroidir.

Pour faire le glaçage, battre le beurre ou la margarine jusqu'à ce qu'ils soient tendres, puis incorporer le sucre glace et l'essence de café. Répartir sur le dessus des gâteaux et décorer avec les pépites de chocolat.

Gâteaux Eccles

Donne 16

50 g/2 oz/¼ tasse de beurre ou de margarine

50 g/2 oz/¼ tasse de cassonade molle

225 g/8 oz/11/3 tasses de groseilles

Pâte feuilletée ou pâte feuilletée 450 g/1 lb

Un peu de lait

45 ml/3 c. à soupe de sucre en poudre (superfin)

Faire fondre le beurre ou la margarine et la cassonade à feu doux en remuant bien. Retirer du feu et incorporer les groseilles. Laisser refroidir légèrement. Abaisser la pâte (pâte) sur une surface farinée et couper en 16 cercles. Répartir le mélange de garniture entre les cercles, puis replier les bords vers le centre, en badigeonnant d'eau pour sceller les bords ensemble. Retournez les gâteaux et roulez-les légèrement avec un rouleau à pâtisserie pour les aplatir légèrement. Faire trois fentes sur le dessus de chacune, badigeonner de lait et saupoudrer de sucre. Placer sur une plaque à pâtisserie graissée et cuire au four préchauffé à 200°C/400°F/thermostat 6 pendant 20 minutes jusqu'à ce qu'ils soient dorés.

Gâteaux de fée

Donne environ 12

100 g/4 oz/½ tasse de beurre ou de margarine, ramolli

100 g/4 oz/½ tasse de sucre en poudre (superfin)

2 œufs, légèrement battus

100 g/4 oz/1 tasse de farine auto-levante (auto-levante)

Une pincée de sel

30 ml/2 cuillères à café de lait

Quelques gouttes d'essence de vanille (extrait)

Crémer ensemble le beurre ou la margarine et le sucre jusqu'à ce qu'ils soient pâles et mousseux. Incorporer progressivement les œufs en alternance avec la farine et le sel, puis ajouter le lait et l'essence de vanille pour obtenir un mélange souple. Répartir dans des gâteaux en papier (papiers à cupcakes) ou des moules à pain graissés (moules à galettes) et cuire au four préchauffé à 190 °C/375 °F/thermostat 5 pendant 15 à 20 minutes jusqu'à ce qu'ils soient bien levés et souples au toucher.

Gâteaux de fées glacés à la plume

Donne 12

50 g/2 oz/¼ tasse de beurre ou de margarine, ramolli

50 g/2 oz/¼ tasse de sucre en poudre (superfin)

1 oeuf

50 g/2 oz/½ tasse de farine auto-levante (auto-levante)

100 g/4 oz/2/3 tasse de sucre à glacer (à confiser)

15 ml/1 cuillère à soupe d'eau tiède

Quelques gouttes de colorant alimentaire

Crémer ensemble le beurre ou la margarine et le sucre jusqu'à ce qu'ils soient pâles et mousseux. Incorporer progressivement l'oeuf, puis incorporer la farine. Répartir le mélange entre 12 caissettes en papier (papiers à cupcakes) placées dans des moules à pain (moules à galettes). Cuire au four préchauffé à 160 °C/325 °F/thermostat 3 pendant 15 à 20 minutes jusqu'à ce qu'ils soient levés et souples au toucher. Laisser refroidir.

Mélanger le sucre glace et l'eau tiède. Colorez un tiers du glaçage (glaçage) avec le colorant alimentaire de votre choix. Étaler le glaçage blanc sur les gâteaux. Disposez le glaçage coloré en lignes sur le gâteau, puis dessinez une pointe de couteau perpendiculairement aux lignes d'abord dans un sens, puis dans l'autre sens, pour créer un motif ondulé. Laisser prendre.

Fantaisies génoises

Donne 12

3 œufs, légèrement battus

75 g/3 oz/1/3 tasse de sucre en poudre (superfin)

75 g/3 oz/¾ tasse de farine auto-levante (auto-levante)

Quelques gouttes d'essence de vanille (extrait)

25 g/1 oz/2 cuillères à soupe de beurre ou de margarine, fondu et refroidi

60 ml/4 c. à soupe de confiture d'abricots (conserve), tamisée (passée)

60 ml/4 cuillères à soupe d'eau

225 g/8 oz/11/3 tasses de sucre à glacer (à confiserie), tamisé

Quelques gouttes de colorant alimentaire rose et bleu (facultatif)

Décorations de gâteaux

Placez les œufs et le sucre en poudre dans un bol résistant à la chaleur posé sur une casserole d'eau frémissante. Fouetter jusqu'à ce que le mélange se détache du fouet en rubans. Incorporer la farine et l'essence de vanille, puis incorporer le beurre ou la margarine. Verser le mélange dans un moule à manqué beurré de 30 x 20 cm/12 x 8 in Swiss roll (moule à pâtisserie) et cuire au four préchauffé à 190°C/375°F/thermostat 5 pendant 30 minutes. Laisser refroidir, puis découper en formes. Réchauffer la confiture avec 30 ml/2 cuillères à soupe d'eau et badigeonner les gâteaux.

Tamisez le sucre glace dans un bol. Si vous souhaitez faire le glaçage (glaçage) de différentes couleurs, divisez-le dans des bols séparés et creusez un puits au centre de chacun. Ajouter graduellement quelques gouttes de couleur et juste assez d'eau restante pour mélanger à un glaçage assez ferme. Répartir sur les gâteaux et décorer comme vous le souhaitez.

Macarons aux amandes

Donne 16

Papier de riz

100 g/4 oz/½ tasse de sucre en poudre (superfin)

50 g/2 oz/½ tasse d'amandes moulues

5 ml/1 c. à thé de riz moulu

Quelques gouttes d'essence d'amande (extrait)

1 blanc d'oeuf

8 amandes mondées, coupées en deux

Tapisser une plaque à pâtisserie (à biscuits) de papier de riz. Mélanger tous les ingrédients, sauf les amandes émondées, en une pâte ferme et bien battre. Placer des cuillerées du mélange sur la plaque de cuisson (à biscuits) et garnir chacune d'une moitié d'amande. Cuire au four préchauffé à 150°C/325°F/thermostat 3 pendant 25 minutes. Laisser refroidir sur la plaque de cuisson, puis découper ou déchirer chacun pour le détacher de la feuille de papier de riz.

Macarons à la noix de coco

Donne 16

2 blancs d'oeufs

150 g/5 oz/2/3 tasse de sucre en poudre (superfin)

150 g/5 oz/1¼ tasses de noix de coco desséchée (râpée)

Papier de riz

8 cerises glacées (confites), coupées en deux

Bats les blancs d'oeufs en neige. Incorporer le sucre jusqu'à ce que le mélange forme des pics fermes. Incorporer la noix de coco. Placez la feuille de riz sur une plaque à pâtisserie (à biscuits) et placez des cuillerées du mélange sur la plaque. Placez une moitié de cerise sur chacun. Cuire au four préchauffé à 160 °C/325 °F/thermostat 3 pendant 30 minutes jusqu'à ce qu'ils soient fermes. Laisser refroidir sur la feuille de riz, puis découper ou déchirer chacune d'elles pour la détacher de la feuille de riz.

Macarons au citron vert

Donne 12

Pâte brisée 100 g/4 oz

60 ml/4 c. à soupe marmelade de citron vert

2 blancs d'oeufs

50 g/2 oz/¼ tasse de sucre en poudre (superfin)

25 g/1 oz/¼ tasse d'amandes moulues

10 ml/2 c. à thé de riz moulu

5 ml/1 cuillère à café d'eau de fleur d'oranger

Abaisser la pâte (pâte) et l'utiliser pour tapisser les sections d'un moule à pain (patty pan). Mettre une petite cuillerée de marmelade dans chaque fond de tarte (fond de tarte). Battre les blancs d'œufs jusqu'à ce qu'ils soient fermes. Incorporer le sucre jusqu'à ce qu'il soit ferme et brillant. Incorporer les amandes, le riz et l'eau de fleur d'oranger. Verser dans les caissettes en recouvrant complètement la marmelade. Cuire au four préchauffé à 180°C/350°F/thermostat 4 pendant 30 minutes jusqu'à ce qu'ils soient levés et dorés.

Macarons à l'avoine

Donne 24

175 g/6 oz/1½ tasses de flocons d'avoine

175 g/6 oz/¾ tasse de sucre muscovado

120 ml/4 fl oz/½ tasse d'huile

1 oeuf

2,5 ml/½ cuillère à café de sel

2,5 ml/½ c. à thé d'essence d'amande (extrait)

Mélanger les flocons d'avoine, le sucre et l'huile et laisser reposer 1 heure. Incorporer l'œuf, le sel et l'essence d'amande. Placer des cuillerées du mélange sur une plaque à pâtisserie graissée et cuire au four préchauffé à 160°C/325°F/thermostat 3 pendant 20 minutes jusqu'à ce qu'ils soient dorés.

Madeleines

Donne 9

100 g/4 oz/½ tasse de beurre ou de margarine, ramolli

100 g/4 oz/½ tasse de sucre en poudre (superfin)

2 œufs, légèrement battus

100 g/4 oz/1 tasse de farine auto-levante (auto-levante)

175 g/6 oz/½ tasse de confiture de fraises ou de framboises (conserver)

60 ml/4 cuillères à soupe d'eau

50 g/2 oz/½ tasse de noix de coco desséchée (râpée)

5 cerises glacées (confites), coupées en deux

Crémer le beurre ou la margarine jusqu'à consistance légère, puis incorporer le sucre jusqu'à consistance légère et mousseuse. Incorporer progressivement les œufs, puis incorporer la farine. Répartir dans neuf moules à dariole (pudding de château) graissés et les placer sur une plaque à pâtisserie (à biscuits). Cuire au four préchauffé à 190°C/375°F/thermostat 5 pendant 20 minutes jusqu'à ce que le tout soit bien levé et doré. Laisser refroidir 5 minutes dans les moules, puis démouler sur une grille pour terminer le refroidissement.

Couper le dessus de chaque gâteau pour former une base plate. Tamisez (passez) la confiture et portez à ébullition avec l'eau dans une petite casserole, en remuant jusqu'à ce que le tout soit bien mélangé. Étaler la noix de coco sur une grande feuille de papier sulfurisé (ciré). Enfoncer une brochette dans le fond du premier gâteau, badigeonner de glaçage à la confiture, puis rouler dans la noix de coco jusqu'à ce qu'elle soit recouverte. Placer sur une assiette de service. Répétez avec les gâteaux restants. Garnir de cerises glacées coupées en deux.

Gâteaux De Massepain

Donne environ 12

450 g/1 lb/4 tasses d'amandes moulues

100 g/4 oz/2/3 tasse de sucre à glacer (à confiserie), tamisé

100 g/4 oz/½ tasse de sucre en poudre (superfin)

30 ml/2 cuillères à soupe d'eau

3 blancs d'oeufs

Pour le glaçage (glaçage):
100 g/4 oz/2/3 tasse de sucre à glacer (à confiserie), tamisé

1 blanc d'oeuf

2,5 ml/½ cuillère à café de vinaigre

Mélanger tous les ingrédients du gâteau dans une casserole et chauffer doucement en remuant jusqu'à ce que la pâte ait absorbé tout le liquide. Retirer du feu et laisser refroidir. Étaler sur une surface légèrement farinée à 1 cm/½ po d'épaisseur et couper en lanières de 3 cm/1½ po. Couper en longueurs de 5 cm/2 pouces, disposer sur une plaque à pâtisserie graissée et cuire au four préchauffé à 150°C/300°F/thermostat 2 pendant 20 minutes jusqu'à ce que le dessus soit légèrement doré. Laisser refroidir.

Pour faire le glaçage, mélangez progressivement le blanc d'œuf et le vinaigre dans le sucre glace jusqu'à l'obtention d'un glaçage lisse et épais. Verser le glaçage sur les gâteaux.

Muffins

Donne 12

225 g/8 oz/2 tasses de farine ordinaire (tout usage)

100 g/4 oz/½ tasse de sucre en poudre (superfin)

10 ml/2 cuillères à café de levure chimique

2,5 ml/½ cuillère à café de sel

1 œuf, légèrement battu

250 ml/8 fl oz/1 tasse de lait

120 ml/4 fl oz/½ tasse d'huile

Mélanger la farine, le sucre, la levure chimique et le sel et faire un puits au centre. Mélanger le reste des ingrédients et mélanger aux ingrédients secs jusqu'à ce qu'ils soient juste mélangés. Ne pas trop mélanger. Verser dans des moules à muffins (papiers) ou des moules à muffins graissés (moules) et cuire au four préchauffé à 200 °C/400 °F/thermostat 6 pendant 20 minutes jusqu'à ce qu'ils soient bien levés et souples au toucher.

Muffins à la pomme

Donne 12

225 g/8 oz/2 tasses de farine ordinaire (tout usage)

100 g/4 oz/½ tasse de sucre en poudre (superfin)

10 ml/2 cuillères à café de levure chimique

2,5 ml/½ cuillère à café de sel

1 œuf, légèrement battu

250 ml/8 fl oz/1 tasse de lait

120 ml/4 fl oz/½ tasse d'huile

2 pommes à manger (de dessert), pelées, épépinées et hachées

Mélanger la farine, le sucre, la levure chimique et le sel et faire un puits au centre. Mélanger le reste des ingrédients et mélanger aux ingrédients secs jusqu'à ce qu'ils soient juste mélangés. Ne pas trop mélanger. Verser dans des moules à muffins (papiers) ou des moules à muffins graissés (moules) et cuire au four préchauffé à 200 °C/400 °F/thermostat 6 pendant 20 minutes jusqu'à ce qu'ils soient bien levés et souples au toucher.

Muffins à la banane

Donne 12

225 g/8 oz/2 tasses de farine ordinaire (tout usage)

100 g/4 oz/½ tasse de sucre en poudre (superfin)

10 ml/2 cuillères à café de levure chimique

2,5 ml/½ cuillère à café de sel

1 œuf, légèrement battu

250 ml/8 fl oz/1 tasse de lait

120 ml/4 fl oz/½ tasse d'huile

2 bananes, en purée

Mélanger la farine, le sucre, la levure chimique et le sel et faire un puits au centre. Mélanger le reste des ingrédients et mélanger aux ingrédients secs jusqu'à ce qu'ils soient juste mélangés. Ne pas trop mélanger. Verser dans des moules à muffins (papiers) ou des moules à muffins graissés (moules) et cuire au four préchauffé à 200 °C/400 °F/thermostat 6 pendant 20 minutes jusqu'à ce qu'ils soient bien levés et souples au toucher.

Muffins au cassis

Donne 12

225 g/8 oz/2 tasses de farine auto-levante (auto-levante)

75 g/3 oz/1/3 tasse de sucre en poudre (superfin)

2 blancs d'oeufs

75 g de cassis

200 ml/7 fl oz/peu 1 tasse de lait

30 ml/2 cuillères à soupe d'huile

Mélanger ensemble la farine et le sucre. Battez légèrement les blancs d'œufs, puis mélangez-les aux ingrédients secs. Incorporer les cassis, le lait et l'huile. Verser dans des moules à muffins (moules) graissés et cuire au four préchauffé à 200 °C/400 °F/thermostat 6 pendant 15 à 20 minutes jusqu'à ce qu'ils soient dorés.

Muffins américains aux bleuets

Donne 12

150 g/5 oz/1¼ tasses de farine ordinaire (tout usage)

75 g/3 oz/¾ tasse de semoule de maïs

75 g/3 oz/1/3 tasse de sucre en poudre (superfin)

10 ml/2 cuillères à café de levure chimique

Une pincée de sel

1 œuf, légèrement battu

75 g/3 oz/1/3 tasse de beurre ou de margarine, fondu

250 ml/8 fl oz/1 tasse de babeurre

100 g de bleuets

Mélanger la farine, la semoule de maïs, le sucre, la levure chimique et le sel et faire un puits au centre. Ajouter l'œuf, le beurre ou la margarine et le babeurre et mélanger jusqu'à ce qu'ils soient tout juste combinés. Incorporer les bleuets ou les mûres. Verser dans des moules à muffins (papiers) et cuire au four préchauffé à 200°C/400°F/thermostat 6 pendant 20 minutes jusqu'à ce qu'ils soient dorés et souples au toucher.

Muffins aux cerises

Donne 12

225 g/8 oz/2 tasses de farine ordinaire (tout usage)

100 g/4 oz/½ tasse de sucre en poudre (superfin)

100 g/4 oz/½ tasse de cerises glacées (confites)

10 ml/2 cuillères à café de levure chimique

2,5 ml/½ cuillère à café de sel

1 œuf, légèrement battu

250 ml/8 fl oz/1 tasse de lait

120 ml/4 fl oz/½ tasse d'huile

Mélanger la farine, le sucre, les cerises, la levure chimique et le sel et faire un puits au centre. Mélanger le reste des ingrédients et mélanger aux ingrédients secs jusqu'à ce qu'ils soient juste mélangés. Ne pas trop mélanger. Verser dans des moules à muffins (papiers) ou des moules à muffins graissés (moules) et cuire au four préchauffé à 200 °C/400 °F/thermostat 6 pendant 20 minutes jusqu'à ce qu'ils soient bien levés et souples au toucher.

Muffins au chocolat

Donne 10-12

175 g/6 oz/1½ tasses de farine ordinaire (tout usage)

40 g/1½ oz/1/3 tasse de cacao (chocolat non sucré) en poudre

100 g/4 oz/½ tasse de sucre en poudre (superfin)

10 ml/2 cuillères à café de levure chimique

2,5 ml/½ cuillère à café de sel

1 œuf large

250 ml/8 fl oz/1 tasse de lait

2,5 ml/½ cuillère à café d'essence de vanille (extrait)

120 ml/4 fl oz/½ tasse d'huile de tournesol ou végétale

Mélanger les ingrédients secs et faire un puits au centre. Bien mélanger l'œuf, le lait, l'essence de vanille et l'huile. Incorporer rapidement le liquide aux ingrédients secs jusqu'à ce qu'ils soient tous incorporés. Ne pas trop mélanger ; le mélange doit être grumeleux. Verser dans des moules à muffins (papiers) ou des moules (moules) et cuire au four préchauffé à 200 °C/400 °F/thermostat 6 pendant environ 20 minutes jusqu'à ce qu'ils soient bien levés et souples au toucher.

Muffins aux pépites de chocolat

Donne 12

175 g/6 oz/1½ tasses de farine ordinaire (tout usage)

100 g/4 oz/½ tasse de sucre en poudre (superfin)

45 ml/3 cuillères à soupe de poudre de cacao (chocolat non sucré)

100 g/4 oz/1 tasse de pépites de chocolat

10 ml/2 cuillères à café de levure chimique

2,5 ml/½ cuillère à café de sel

1 œuf, légèrement battu

250 ml/8 fl oz/1 tasse de lait

120 ml/4 fl oz/½ tasse d'huile

2,5 ml/½ cuillère à café d'essence de vanille (extrait)

Mélanger la farine, le sucre, le cacao, les pépites de chocolat, la levure chimique et le sel et faire un puits au centre. Mélanger le reste des ingrédients et mélanger aux ingrédients secs jusqu'à ce qu'ils soient juste mélangés. Ne pas trop mélanger. Verser dans des moules à muffins (papiers) ou des moules à muffins graissés (moules) et cuire au four préchauffé à 200 °C/400 °F/thermostat 6 pendant 20 minutes jusqu'à ce qu'ils soient bien levés et souples au toucher.

Petit gâteau au cannelle

Donne 12

225 g/8 oz/2 tasses de farine ordinaire (tout usage)

100 g/4 oz/½ tasse de sucre en poudre (superfin)

10 ml/2 cuillères à café de levure chimique

5 ml/1 c. à thé de cannelle moulue

2,5 ml/½ cuillère à café de sel

1 œuf, légèrement battu

250 ml/8 fl oz/1 tasse de lait

120 ml/4 fl oz/½ tasse d'huile

Mélanger la farine, le sucre, la levure chimique, la cannelle et le sel et faire un puits au centre. Mélanger le reste des ingrédients et mélanger aux ingrédients secs jusqu'à ce qu'ils soient juste mélangés. Ne pas trop mélanger. Verser dans des moules à muffins (papiers) ou des moules à muffins graissés (moules) et cuire au four préchauffé à 200 °C/400 °F/thermostat 6 pendant 20 minutes jusqu'à ce qu'ils soient bien levés et souples au toucher.

Muffins à la semoule de maïs

Donne 12

50 g/2 oz/½ tasse de farine ordinaire (tout usage)

100 g/4 oz/1 tasse de semoule de maïs

5 ml/1 cuillère à café de levure chimique

1 œuf, séparé

1 jaune d'oeuf

30 ml/2 cuillères à soupe d'huile de maïs

30 ml/2 cuillères à soupe de lait

Mélanger ensemble la farine, la semoule de maïs et la levure chimique. Battre ensemble les jaunes d'œufs, l'huile et le lait, puis incorporer aux ingrédients secs. Battre le blanc d'œuf jusqu'à ce qu'il soit ferme, puis l'incorporer au mélange. Verser dans des caissettes à muffins (papiers) ou des moules à muffins graissés (moules) et cuire au four préchauffé à 200°C/400°F/thermostat 6 pendant environ 20 minutes jusqu'à ce qu'ils soient dorés.

Muffins aux figues complètes

Donne 10

100 g/4 oz/1 tasse de farine complète (de blé entier)

5 ml/1 cuillère à café de levure chimique

50 g/2 oz/½ tasse de flocons d'avoine

50 g/2 oz/1/3 tasse de figues séchées, hachées

45 ml/3 cuillères à soupe d'huile

75 ml/5 cuillères à soupe de lait

15 ml/1 cuillère à soupe de mélasse noire (mélasse)

1 œuf, légèrement battu

Mélanger la farine, la levure et les flocons d'avoine, puis incorporer les figues. Chauffer l'huile, le lait et la mélasse jusqu'à homogénéité, puis incorporer aux ingrédients secs avec l'œuf et mélanger pour obtenir une pâte ferme. Placer des cuillerées du mélange dans des moules à muffins (papiers) ou des moules à muffins graissés (moules) et cuire au four préchauffé à 190°C/375°F/thermostat 5 pendant environ 20 minutes jusqu'à ce qu'ils soient dorés.

Muffins aux fruits et au son

Donne 8

100 g/4 oz/1 tasse de céréales All Bran

50 g/2 oz/½ tasse de farine ordinaire (tout usage)

2,5 ml/½ cuillère à café de levure chimique

5 ml/1 cuillère à café de bicarbonate de soude (bicarbonate de soude)

5 ml/1 c. à thé d'épices moulues (tarte aux pommes)

50 g/2 oz/1/3 tasse de raisins secs

100 g/4 oz/1 tasse de purée de pomme (sauce)

5 ml/1 cuillère à café d'essence de vanille (extrait)

30 ml/2 cuillères à soupe de lait

Mélanger les ingrédients secs et faire un puits au centre. Incorporer les raisins secs, la purée de pomme et l'essence de vanille et suffisamment de lait pour faire un mélange doux. Verser dans des caissettes à muffins (papiers) ou des moules à muffins graissés (moules) et cuire au four préchauffé à 200°C/400°F/thermostat 6 pendant 20 minutes jusqu'à ce qu'ils soient bien levés et dorés.

Muffins à l'avoine

Donne 20

100 g/4 oz/1 tasse de flocons d'avoine

100 g/4 oz/1 tasse de farine d'avoine

225 g/8 oz/2 tasses de farine complète (de blé entier)

10 ml/2 cuillères à café de levure chimique

50 g/2 oz/1/3 tasse de raisins secs (facultatif)

375 ml/13 fl oz/1½ tasses de lait

10 ml/2 cuillères à café d'huile

2 blancs d'oeufs

Mélanger les flocons d'avoine, les farines et la poudre à pâte et incorporer les raisins secs, le cas échéant. Incorporer le lait et l'huile. Battre les blancs d'œufs en neige ferme, puis les incorporer au mélange. Verser dans des caissettes à muffins (papiers) ou des moules à muffins graissés (moules) et cuire au four préchauffé à 190°C/375°F/thermostat 5 pendant environ 25 minutes jusqu'à ce qu'ils soient dorés.

Muffins à l'avoine et aux fruits

Donne 10

100 g/4 oz/1 tasse de farine complète (de blé entier)

100 g/4 oz/1 tasse de flocons d'avoine

15 ml/1 cuillère à soupe de levure chimique

100 g/4 oz/2/3 tasse de raisins secs (raisins dorés)

50 g/2 oz/½ tasse de noix mélangées hachées

1 pomme à manger (à dessert), pelée, épépinée et râpée

45 ml/3 cuillères à soupe d'huile

30 ml/2 cuillères à soupe de miel clair

15 ml/1 cuillère à soupe de mélasse noire (mélasse)

1 œuf, légèrement battu

90 ml/6 cuillères à soupe de lait

Mélanger ensemble la farine, les flocons d'avoine et la levure chimique. Incorporer les raisins secs, les noix et la pomme. Chauffer l'huile, le miel et la mélasse jusqu'à ce qu'ils soient fondus, puis incorporer au mélange avec l'œuf et suffisamment de lait pour obtenir une consistance molle. Verser dans des caissettes à muffins (papiers) ou des moules à muffins graissés (moules) et cuire au four préchauffé à 190°C/375°F/thermostat 5 pendant environ 25 minutes jusqu'à ce qu'ils soient dorés.

Muffins à l'orange

Donne 12

100 g/4 oz/1 tasse de farine auto-levante (auto-levante)

100 g/4 oz/½ tasse de cassonade molle

1 œuf, légèrement battu

120 ml/4 fl oz/½ tasse de jus d'orange

60 ml/4 cuillères à soupe d'huile

2,5 ml/½ cuillère à café d'essence de vanille (extrait)

25 g/1 oz/2 cuillères à soupe de beurre ou de margarine

30 ml/2 c. à soupe de farine ordinaire (tout usage)

2,5 ml/½ c. à thé de cannelle moulue

Mélanger la farine auto-levante et la moitié du sucre dans un bol. Mélanger l'œuf, le jus d'orange, l'huile et l'essence de vanille, puis incorporer aux ingrédients secs jusqu'à homogénéité. Ne pas trop mélanger. Répartir dans des caissettes à muffins (papiers) ou des moules à muffins graissés (moules) et cuire au four préchauffé à 200°C/400°F/thermostat 6 pendant 10 minutes.

Pendant ce temps, frottez le beurre ou la margarine pour la garniture dans la farine ordinaire, puis mélangez le reste du sucre et la cannelle. Parsemez les muffins et remettez-les au four 5 minutes supplémentaires jusqu'à ce qu'ils soient dorés.

Muffins aux pêches

Donne 12

225 g/8 oz/2 tasses de farine ordinaire (tout usage)

100 g/4 oz/½ tasse de sucre en poudre (superfin)

10 ml/2 cuillères à café de levure chimique

2,5 ml/½ cuillère à café de sel

1 œuf, légèrement battu

175 ml/6 fl oz/¾ tasse de lait

120 ml/4 fl oz/½ tasse d'huile

200 g/7 oz/1 petite boîte de pêches, égouttées et hachées

Mélanger la farine, le sucre, la levure chimique et le sel et faire un puits au centre. Mélanger le reste des ingrédients et mélanger aux ingrédients secs jusqu'à ce qu'ils soient juste mélangés. Ne pas trop mélanger. Verser dans des moules à muffins (papiers) ou des moules à muffins graissés (moules) et cuire au four préchauffé à 200 °C/400 °F/thermostat 6 pendant 20 minutes jusqu'à ce qu'ils soient bien levés et souples au toucher.

Muffins au beurre de cacahuète

Donne 12

225 g/8 oz/2 tasses de farine ordinaire (tout usage)

100 g/4 oz/½ tasse de cassonade molle

10 ml/2 cuillères à café de levure chimique

2,5 ml/½ cuillère à café de sel

1 œuf, légèrement battu

250 ml/8 fl oz/1 tasse de lait

120 ml/4 fl oz/½ tasse d'huile

45 ml/3 c. à soupe de beurre de cacahuète

Mélanger la farine, le sucre, la levure chimique et le sel et faire un puits au centre. Mélanger le reste des ingrédients et mélanger aux ingrédients secs jusqu'à ce qu'ils soient juste mélangés. Ne pas trop mélanger. Verser dans des moules à muffins (papiers) ou des moules à muffins graissés (moules) et cuire au four préchauffé à 200 °C/400 °F/thermostat 6 pendant 20 minutes jusqu'à ce qu'ils soient bien levés et souples au toucher.

Muffins à l'ananas

Donne 12

225 g/8 oz/2 tasses de farine ordinaire (tout usage)

100 g/4 oz/½ tasse de cassonade molle

10 ml/2 cuillères à café de levure chimique

2,5 ml/½ cuillère à café de sel

1 œuf, légèrement battu

175 ml/6 fl oz/¾ tasse de lait

120 ml/4 fl oz/½ tasse d'huile

200 g/7 oz/1 petite boîte d'ananas, égoutté et haché

30 ml/2 cuillères à soupe de sucre demerara

Mélanger la farine, la cassonade, la levure chimique et le sel et faire un puits au centre. Mélanger tous les ingrédients restants à l'exception du sucre demerara et mélanger aux ingrédients secs jusqu'à ce qu'ils soient juste mélangés. Ne pas trop mélanger. Répartir dans des caissettes à muffins (papiers) ou des moules à muffins graissés (moules) et saupoudrer de sucre demerara. Cuire au four préchauffé à 200°C/400°F/thermostat 6 pendant 20 minutes jusqu'à ce qu'ils soient bien levés et souples au toucher.

Muffins aux framboises

Donne 12

225 g/8 oz/2 tasses de farine ordinaire (tout usage)

100 g/4 oz/½ tasse de sucre en poudre (superfin)

10 ml/2 cuillères à café de levure chimique

2,5 ml/½ cuillère à café de sel

200 g de framboises

1 œuf, légèrement battu

250 ml/8 fl oz/1 tasse de lait

120 ml/4 fl oz/½ tasse d'huile végétale

Mélanger ensemble la farine, le sucre, la levure chimique et le sel. Incorporer les framboises et faire un puits au centre. Mélanger l'œuf, le lait et l'huile et verser dans les ingrédients secs. Remuez doucement jusqu'à ce que tous les ingrédients secs soient mélangés mais que le mélange soit encore grumeleux. Ne pas trop battre. Verser le mélange dans des moules à muffins (papiers) ou des moules à muffins graissés (moules) et cuire au four préchauffé à 200 °C/400 °F/thermostat 6 pendant 20 minutes jusqu'à ce qu'ils soient bien levés et souples au toucher.

Muffins aux framboises et au citron

Donne 12

175 g/6 oz/1½ tasses de farine ordinaire (tout usage)

50 g/2 oz/¼ tasse de sucre granulé

50 g/2 oz/¼ tasse de cassonade molle

10 ml/2 cuillères à café de levure chimique

5 ml/1 c. à thé de cannelle moulue

Une pincée de sel

1 œuf, légèrement battu

100 g/4 oz/½ tasse de beurre ou de margarine, fondu

120 ml/4 fl oz/½ tasse de lait

100 g de framboises fraîches

10 ml/2 c. à thé de zeste de citron râpé

Pour la garniture :
75 g/3 oz/½ tasse de sucre à glacer (à confiserie), tamisé

15 ml/1 cuillère à soupe de jus de citron

Mélanger la farine, le sucre granulé, la cassonade, la levure chimique, la cannelle et le sel dans un bol et faire un puits au centre. Ajouter l'œuf, le beurre ou la margarine et le lait et mélanger jusqu'à ce que les ingrédients soient juste combinés. Incorporer les framboises et le zeste de citron. Verser dans des caissettes à muffins (papiers) ou des moules à muffins graissés (moules) et cuire au four préchauffé à 180°C/350°F/thermostat 4 pendant 20 minutes jusqu'à ce qu'ils soient dorés et souples au toucher. Mélanger le sucre glace et le jus de citron pour la garniture et arroser les muffins chauds.

Muffins à la Sultane

Donne 12

225 g/8 oz/2 tasses de farine ordinaire (tout usage)

100 g/4 oz/½ tasse de sucre en poudre (superfin)

100 g/4 oz/2/3 tasse de raisins secs (raisins dorés)

10 ml/2 cuillères à café de levure chimique

5 ml/1 c. à thé d'épices moulues (tarte aux pommes)

2,5 ml/½ cuillère à café de sel

1 œuf, légèrement battu

250 ml/8 fl oz/1 tasse de lait

120 ml/4 fl oz/½ tasse d'huile

Mélanger la farine, le sucre, les raisins secs, la levure, le mélange d'épices et de sel et faire un puits au centre. Mélanger le reste des ingrédients jusqu'à ce qu'ils soient juste mélangés. Verser dans des moules à muffins (papiers) ou des moules à muffins graissés (moules) et cuire au four préchauffé à 200 °C/400 °F/thermostat 6 pendant 20 minutes jusqu'à ce qu'ils soient bien levés et souples au toucher.

Muffins à la mélasse

Donne 12

225 g/8 oz/2 tasses de farine ordinaire (tout usage)

100 g/4 oz/½ tasse de cassonade molle

10 ml/2 cuillères à café de levure chimique

2,5 ml/½ cuillère à café de sel

1 œuf, légèrement battu

175 ml/6 fl oz/¾ tasse de lait

60 ml/4 cuillères à soupe de mélasse noire (mélasse)

120 ml/4 fl oz/½ tasse d'huile

Mélanger la farine, le sucre, la levure chimique et le sel et faire un puits au centre. Mélanger le reste des ingrédients jusqu'à ce qu'ils soient juste mélangés. Ne pas trop mélanger. Verser dans des moules à muffins (papiers) ou des moules à muffins graissés (moules) et cuire au four préchauffé à 200 °C/400 °F/thermostat 6 pendant 20 minutes jusqu'à ce qu'ils soient bien levés et souples au toucher.

Muffins à la mélasse et à l'avoine

Donne 10

100 g/4 oz/1 tasse de farine ordinaire (tout usage)

175 g/6 oz/1½ tasses de flocons d'avoine

100 g/4 oz/½ tasse de cassonade molle

15 ml/1 cuillère à soupe de levure chimique

5 ml/1 c. à thé de cannelle moulue

2,5 ml/½ cuillère à café de sel

1 œuf, légèrement battu

120 ml/4 fl oz/½ tasse de lait

60 ml/4 cuillères à soupe de mélasse noire (mélasse)

75 ml/5 cuillères à soupe d'huile

Mélanger la farine, les flocons d'avoine, le sucre, la levure chimique, la cannelle et le sel et faire un puits au centre. Mélanger ensemble les ingrédients restants, puis mélanger aux ingrédients secs jusqu'à ce qu'ils soient juste mélangés. Ne pas trop mélanger. Verser dans des moules à muffins (papiers) ou des moules à muffins graissés (moules) et cuire au four préchauffé à 200 °C/400 °F/thermostat 6 pendant 15 minutes jusqu'à ce qu'ils soient bien levés et souples au toucher.

Toasts à l'avoine

Donne 8

225 g/8 oz/2 tasses de flocons d'avoine

100 g/4 oz/1 tasse de farine complète (de blé entier)

5 ml/1 cuillère à café de sel

5 ml/1 cuillère à café de levure chimique

50 g/2 oz/¼ tasse de saindoux (shortening)

30 ml/2 cuillères à soupe d'eau froide

Mélanger les ingrédients secs, puis incorporer le saindoux jusqu'à ce que le mélange ressemble à de la chapelure. Incorporer suffisamment d'eau pour obtenir une pâte ferme. Étaler sur une surface légèrement farinée en un cercle de 18 cm/7 et couper en huit quartiers. Placer sur une plaque à biscuits graissée et cuire au four préchauffé à 180°C/350°F/thermostat 4 pendant 25 minutes. Servir avec du beurre, de la confiture ou de la marmelade.

Éponge Aux FraisesOmelettes

Donne 18

5 jaunes d'oeufs

75 g/3 oz/1/3 tasse de sucre en poudre (superfin)

Une pincée de sel

Zeste râpé de ½ citron

4 blancs d'oeufs

40 g/1½ oz/1/3 tasse de farine de maïs (fécule de maïs)

40 g/1½ oz/1/3 tasse de farine ordinaire (tout usage)

40 g/1½ oz/3 c. à soupe de beurre ou de margarine, fondu

300 ml/½ pt/1¼ tasses de crème à fouetter

225 g/8 oz de fraises

Sucre à glacer (de confiserie), tamisé, pour saupoudrer

Battre les jaunes d'œufs avec 25 g/1 oz/2 cuillères à soupe de sucre en poudre jusqu'à ce qu'ils soient pâles et épais, puis incorporer le sel et le zeste de citron. Fouettez les blancs d'œufs jusqu'à ce qu'ils soient fermes, puis ajoutez le reste du sucre en poudre et continuez à battre jusqu'à ce qu'ils soient fermes et brillants. Incorporer les jaunes d'œufs, puis incorporer la maïzena et la farine. Incorporer le beurre fondu ou la margarine. Transférer le mélange dans une poche à douille avec une douille unie de 1 cm/½ in (embout) et former des cercles de 15 cm/6 in sur une plaque à pâtisserie graissée et tapissée. Cuire au four préchauffé à 220 °C/425 °F/thermostat 7 pendant 10 minutes jusqu'à ce qu'ils soient juste colorés mais pas dorés. Laisser refroidir.

Fouettez la crème jusqu'à ce qu'elle soit ferme. Dressez une fine couche sur la moitié de chaque cercle, disposez les fraises dessus, puis terminez avec plus de crème. Replier la moitié supérieure des « omelettes » sur le dessus. Saupoudrer de sucre glace et servir.

Gâteaux à la menthe

Donne 12

100 g/4 oz/½ tasse de beurre ou de margarine, ramolli

100 g/4 oz/½ tasse de sucre en poudre (superfin)

2 œufs, légèrement battus

75 g/3 oz/¾ tasse de farine auto-levante (auto-levante)

10 ml/2 c. à thé de poudre de cacao (chocolat non sucré)

Une pincée de sel

225 g/8 oz/11/3 tasses de sucre à glacer (à confiserie), tamisé

30 ml/2 cuillères à soupe d'eau

Quelques gouttes de colorant alimentaire vert

Quelques gouttes d'essence de menthe poivrée (extrait)

Menthes au chocolat, coupées en deux, pour la décoration

Crémer ensemble le beurre ou la margarine et le sucre jusqu'à consistance légère et mousseuse, puis incorporer progressivement les œufs. Incorporer la farine, le cacao et le sel. Verser dans des moules à pain graissés (moules à galettes) et cuire au four préchauffé à 200 °C/400 °F/thermostat 6 pendant 10 minutes jusqu'à ce qu'ils soient élastiques au toucher. Laisser refroidir.

Tamisez le sucre glace dans un bol et mélangez 15 ml/1 cuillère à soupe d'eau, puis ajoutez le colorant alimentaire et l'essence de menthe poivrée au goût. Ajouter plus d'eau si nécessaire pour donner une consistance qui enrobera le dos d'une cuillère. Étaler le glaçage sur les gâteaux et décorer de menthes au chocolat.

Gâteaux Aux Raisins

Donne 12

175 g/6 oz/1 tasse de raisins secs

250 ml/8 fl oz/1 tasse d'eau

5 ml/1 cuillère à café de bicarbonate de soude (bicarbonate de soude)

100 g/4 oz/½ tasse de beurre ou de margarine, ramolli

100 g/4 oz/½ tasse de cassonade molle

1 œuf battu

5 ml/1 cuillère à café d'essence de vanille (extrait)

200 g/7 oz/1¾ tasses de farine ordinaire (tout usage)

5 ml/1 cuillère à café de levure chimique

Une pincée de sel

Porter à ébullition les raisins secs, l'eau et le bicarbonate de soude dans une casserole, puis laisser mijoter doucement pendant 3 minutes. Laisser refroidir jusqu'à ce qu'il soit tiède. Crémer ensemble le beurre ou la margarine et le sucre jusqu'à ce qu'ils soient pâles et mousseux. Incorporer progressivement l'œuf et l'essence de vanille. Incorporer au mélange de raisins secs, puis incorporer la farine, la poudre à pâte et le sel. Verser le mélange dans des moules à muffins (papiers) ou des moules à muffins graissés (moules) et cuire au four préchauffé à 180°C/350°F/thermostat 4 pendant 12 à 15 minutes jusqu'à ce qu'ils soient bien levés et dorés.

Boucles aux raisins secs

Donne 24

225 g/8 oz/2 tasses de farine ordinaire (tout usage)

Une pincée d'épices moulues (tarte aux pommes)

5 ml/1 cuillère à café de bicarbonate de soude (bicarbonate de soude)

225 g/8 oz/1 tasse de sucre en poudre (superfin)

45 ml/3 c. à soupe d'amandes moulues

225 g/8 oz/1 tasse de beurre ou de margarine, fondu

45 ml/3 c. à soupe de raisins secs

1 œuf, légèrement battu

Mélanger les ingrédients secs, puis incorporer le beurre fondu ou la margarine, suivi des raisins secs et de l'œuf. Bien mélanger pour obtenir une pâte ferme. Étaler sur une surface légèrement farinée à environ 5 mm/¼ d'épaisseur et couper en bandes de 5 mm x 20 cm/ ¼ x 8 po. Humecter légèrement la surface supérieure avec un peu d'eau, puis rouler chaque bande à partir de l'extrémité courte. Placer sur une plaque à biscuits graissée et cuire au four préchauffé à 200°C/400°F/thermostat 6 pendant 15 minutes jusqu'à ce qu'ils soient dorés.

Petits pains aux framboises

Donne 12 petits pains

225 g/8 oz/2 tasses de farine ordinaire (tout usage)

7,5 ml/½ cuillère à soupe de levure chimique

2,5 ml/½ c. à thé d'épices moulues (tarte aux pommes)

Une pincée de sel

75 g/3 oz/1/3 tasse de beurre ou de margarine

75 g/3 oz/1/3 tasse de sucre en poudre (superfin), plus un peu plus pour saupoudrer

1 oeuf

60 ml/4 cuillères à soupe de lait

60 ml/4 c. à soupe de confiture de framboises (conserver)

Mélanger la farine, la levure chimique, les épices et le sel, puis incorporer le beurre ou la margarine jusqu'à ce que le mélange ressemble à de la chapelure. Incorporer le sucre. Incorporer l'œuf et suffisamment de lait pour faire une pâte ferme. Diviser en 12 boules et placer sur une plaque à pâtisserie graissée (à biscuits). Faites un trou avec un doigt au centre de chacun et versez un peu de confiture de framboises. Badigeonner de lait et saupoudrer de sucre en poudre. Cuire au four préchauffé à 220 °C/425 °F/thermostat 7 pendant 10 à 15 minutes jusqu'à ce qu'ils soient dorés. Garnir d'un peu plus de confiture, si nécessaire.

Gâteaux De Riz Brun Et De Tournesol

Donne 12

75 g/3 oz/¾ tasse de riz brun cuit

50 g/2 oz/½ tasse de graines de tournesol

25 g/1 oz/¼ tasse de graines de sésame

40 g/1½ oz/¼ tasse de raisins secs

40 g/1½ oz/¼ tasse de cerises glacées (confites), coupées en quartiers

25 g/1 oz/2 cuillères à soupe de cassonade molle

15 ml/1 cuillère à soupe de miel clair

75 g/3 oz/1/3 tasse de beurre ou de margarine

5 ml/1 cuillère à café de jus de citron

Mélanger le riz, les graines et les fruits. Faire fondre le sucre, le miel, le beurre ou la margarine et le jus de citron et incorporer au mélange de riz. Répartir dans 12 caissettes (papier à cupcakes) et cuire au four préchauffé à 200°C/400°F/thermostat 6 pendant 15 minutes.

Roche gâteaux

225 g/8 oz/2 tasses de farine ordinaire (tout usage)

Une pincée de sel

10 ml/2 cuillères à café de levure chimique

50 g/2 oz/¼ tasse de beurre ou de margarine

50 g/2 oz/¼ tasse de saindoux (shortening)

100 g/4 oz/2/3 tasse de fruits mélangés séchés (mélange pour gâteau aux fruits)

100 g/4 oz/½ tasse de sucre demerara

Zeste râpé de ½ citron

1 oeuf

15 à 30 ml/1 à 2 cuillères à soupe de lait

Mélanger la farine, le sel et la levure chimique, puis incorporer le beurre ou la margarine et le saindoux jusqu'à ce que le mélange ressemble à de la chapelure. Incorporer les fruits, le sucre et le zeste de citron. Battez l'œuf avec 15 ml/1 cuillère à soupe de lait, ajoutez-le aux ingrédients secs et mélangez en une pâte ferme, en ajoutant du lait si nécessaire. Placer de petits tas du mélange sur une plaque à pâtisserie graissée et cuire au four préchauffé à 200 °C/400 °F/thermostat 6 pendant 15 à 20 minutes jusqu'à ce qu'ils soient dorés.

Gâteaux de roche sans sucre

Donne 12

75 g/3 oz/1/3 tasse de beurre ou de margarine

175 g/6 oz/1¼ tasses de farine complète (de blé entier)

50 g/2 oz/½ tasse de farine d'avoine

10 ml/2 cuillères à café de levure chimique

5 ml/1 c. à thé de cannelle moulue

100 g/4 oz/2/3 tasse de raisins secs (raisins dorés)

Zeste râpé d'1 citron

1 œuf, légèrement battu

90 ml/6 cuillères à soupe de lait

Frotter le beurre ou la margarine dans les farines, la poudre à pâte et la cannelle jusqu'à ce que le mélange ressemble à de la chapelure. Incorporer les raisins secs et le zeste de citron. Ajouter l'œuf et suffisamment de lait pour faire un mélange doux. Placer des cuillerées sur une plaque à pâtisserie graissée et cuire au four préchauffé à 200 °C/400 °F/thermostat 6 pendant 15 à 20 minutes jusqu'à ce qu'elles soient dorées.

Gâteaux au safran

Donne 12

Une pincée de safran moulu

75 ml/5 cuillères à soupe d'eau bouillante

75 ml/5 cuillères à soupe d'eau froide

100 g/4 oz/½ tasse de beurre ou de margarine, ramolli

225 g/8 oz/1 tasse de sucre en poudre (superfin)

2 œufs, légèrement battus

225 g/8 oz/2 tasses de farine ordinaire (tout usage)

10 ml/2 cuillères à café de levure chimique

2,5 ml/½ cuillère à café de sel

175 g/6 oz/1 tasse de raisins secs (raisins dorés)

175 g/6 oz/1 tasse d'écorces mélangées (confites) hachées

Faire tremper le safran dans l'eau bouillante pendant 30 minutes, puis ajouter l'eau froide. Crémer ensemble le beurre ou la margarine et le sucre jusqu'à consistance légère et mousseuse, puis incorporer progressivement les œufs. Mélanger la farine avec la levure chimique et le sel, puis mélanger 50 g/2 oz/½ tasse du mélange de farine avec les raisins secs et le zeste mélangé. Incorporer la farine au mélange crémeux en alternance avec l'eau de safran, puis incorporer les fruits. Verser dans des moules à muffins (papiers) ou des moules à muffins graissés et farinés (moules) et cuire au four préchauffé à 190 °C/375 °F/thermostat 5 pendant environ 15 minutes jusqu'à ce qu'ils soient élastiques au toucher.

Baba au rhum

Donne 8

100 g/4 oz/1 tasse de farine (à pain) forte

5 ml/1 c. à thé de levure sèche facile à mélanger

Une pincée de sel

45 ml/3 cuillères à soupe de lait chaud

2 œufs, légèrement battus

50 g/2 oz/¼ tasse de beurre ou de margarine, fondu

25 g/1 oz/3 cuillères à soupe de groseilles

Pour le sirop :

250 ml/8 fl oz/1 tasse d'eau

75 g/3 oz/1/3 tasse de sucre granulé

20 ml/4 c. à thé de jus de citron

60 ml/4 cuillères à soupe de rhum

Pour le glaçage et la décoration :

60 ml/4 c. à soupe de confiture d'abricots (conserve), tamisée (passée)

15 ml/1 cuillère à soupe d'eau

150 ml/¼ pt/2/3 tasse de crème à fouetter ou double (épaisse)

4 cerises glacées (confites), coupées en deux

Quelques lamelles d'angélique coupées en triangles

Mélanger la farine, la levure et le sel dans un bol et creuser un puits au centre. Mélanger le lait, les œufs et le beurre ou la margarine, puis incorporer à la farine pour obtenir une pâte lisse. Incorporer les groseilles. Répartir la pâte dans huit moules à anneaux individuels graissés et farinés (moules tubulaires) de manière à ce qu'elle ne monte qu'au tiers de la hauteur des moules. Couvrir d'un film alimentaire huilé (film plastique) et laisser reposer 30 minutes dans un endroit tiède jusqu'à ce que la pâte ait atteint le haut des moules. Cuire au four préchauffé à 200°C/400°F/thermostat 6 pendant 15 minutes jusqu'à ce qu'ils soient dorés. Retournez les moules et laissez refroidir pendant 10 minutes, puis retirez les gâteaux des moules et placez-les dans un grand plat peu profond. Piquez-les partout avec une fourchette.

Pour faire le sirop, faites chauffer l'eau, le sucre et le jus de citron à feu doux en remuant jusqu'à ce que le sucre soit dissous. Augmenter le feu et porter à ébullition. Retirer du feu et incorporer le rhum. Verser le sirop chaud sur les gâteaux et laisser tremper 40 minutes.

Chauffer la confiture et l'eau à feu doux jusqu'à ce que le tout soit bien mélangé. Badigeonner les babas et les disposer sur une assiette de service. Fouettez la crème et déposez-la au centre de chaque gâteau. Décorez de cerises et d'angélique.

Gâteaux aux boules d'éponge

Donne 24

5 jaunes d'oeufs

75 g/3 oz/1/3 tasse de sucre en poudre (superfin)

7 blancs d'oeufs

75 g/3 oz/¾ tasse de farine de maïs (fécule de maïs)

50 g/2 oz/½ tasse de farine ordinaire (tout usage)

Battre les jaunes d'œufs avec 15 ml/1 cuillère à soupe de sucre jusqu'à ce qu'ils soient pâles et épais. Battre les blancs d'œufs jusqu'à ce qu'ils soient fermes, puis incorporer le reste du sucre jusqu'à ce qu'ils soient épais et brillants. Incorporer la maïzena à l'aide d'une cuillère en métal. Incorporer la moitié des jaunes d'œufs aux blancs à l'aide d'une cuillère en métal, puis incorporer les jaunes restants. Incorporer très délicatement la farine. Transférer le mélange dans une poche à douille avec une douille ordinaire de 2,5 cm/1 po (embout) et former des gâteaux ronds, bien espacés, sur une plaque à pâtisserie graissée et tapissée. Cuire dans un four préchauffé à 200°C/400°F/thermostat 6 pendant 5 minutes, puis réduire la température du four à 180°C/350°F/thermostat 4 pendant 10 minutes supplémentaires jusqu'à ce qu'ils soient dorés et moelleux à la toucher.

Gâteaux Au Chocolat

Donne 12

5 jaunes d'oeufs

75 g/3 oz/1/3 tasse de sucre en poudre (superfin)

7 blancs d'oeufs

75 g/3 oz/¾ tasse de farine de maïs (fécule de maïs)

50 g/2 oz/½ tasse de farine ordinaire (tout usage)

60 ml/4 c. à soupe de confiture d'abricots (conserve), tamisée (passée)

30 ml/2 cuillères à soupe d'eau

1 quantité de glaçage au chocolat bouilli

150 ml/¼ pt/2/3 tasse de crème à fouetter

Battre les jaunes d'œufs avec 15 ml/1 c. à soupe de sucre jusqu'à ce qu'ils soient pâles et épais. Battre les blancs d'œufs jusqu'à ce qu'ils soient fermes, puis incorporer le reste du sucre jusqu'à ce qu'ils soient épais et brillants. Incorporer la maïzena à l'aide d'une cuillère en métal. Incorporer la moitié des jaunes d'œufs aux blancs à l'aide d'une cuillère en métal, puis incorporer les jaunes restants. Incorporer très délicatement la farine. Transférer le mélange dans une poche à douille avec une douille ordinaire de 2,5 cm/1 po (embout) et former des gâteaux ronds, bien espacés, sur une plaque à pâtisserie graissée et tapissée. Cuire dans un four préchauffé à 200°C/400°F/thermostat 6 pendant 5 minutes, puis réduire la température du four à 180°C/350°F/thermostat 4 pendant 10 minutes supplémentaires jusqu'à ce qu'ils soient dorés et moelleux à la toucher. Transférer sur une grille.

Faire bouillir la confiture et l'eau jusqu'à consistance épaisse et homogène, puis badigeonner le dessus des gâteaux. Laisser refroidir. Tremper les biscuits dans le glaçage au chocolat, puis laisser refroidir. Fouetter la crème jusqu'à ce qu'elle soit ferme, puis prendre en sandwich des paires de gâteaux avec la crème.

Boules de neige d'été

Donne 24

100 g/4 oz/½ tasse de beurre ou de margarine, ramolli

100 g/4 oz/½ tasse de sucre en poudre (superfin)

5 ml/1 cuillère à café d'essence de vanille (extrait)

2 œufs, légèrement battus

225 g/8 oz/2 tasses de farine auto-levante (auto-levante)

120 ml/4 fl oz/½ tasse de lait

120 ml/4 fl oz/½ tasse de crème double (épaisse)

25 g/1 oz/3 cuillères à soupe de sucre à glacer (à confiserie), tamisé

60 ml/4 c. à soupe de confiture d'abricots (conserve), tamisée (passée)

30 ml/2 cuillères à soupe d'eau

150 g/5 oz/1¼ tasses de noix de coco desséchée (râpée)

Crémer ensemble le beurre ou la mar-garine et le sucre jusqu'à consistance légère et mousseuse. Incorporer progressivement l'essence de vanille et les œufs, puis incorporer la farine en alternance avec le lait. Verser le mélange dans des moules à muffins (moules) graissés et cuire au four préchauffé à 180°C/350°F/thermostat 4 pendant 15 minutes jusqu'à ce qu'ils soient bien levés et souples au toucher. Transférer sur une grille pour refroidir. Couper le dessus des muffins.

Fouettez la crème et le sucre glace jusqu'à consistance ferme, puis versez-en un peu sur le dessus de chaque muffin et remettez le couvercle. Réchauffer la confiture avec l'eau jusqu'à homogénéité, puis badigeonner le dessus des muffins et saupoudrer généreusement de noix de coco.

Gouttes d'éponge

Donne 12

3 œufs battus

100 g/4 oz/½ tasse de sucre en poudre (superfin)

2,5 ml/½ cuillère à café d'essence de vanille (extrait)

100 g/4 oz/1 tasse de farine ordinaire (tout usage)

5 ml/1 cuillère à café de levure chimique

100 g/4 oz/1/3 tasse de confiture de framboises (conserver)

150 ml/¼ pt/2/3 tasse de crème double (épaisse), fouettée

Sucre à glacer (de confiserie), tamisé, pour saupoudrer

Placer les œufs, le sucre en poudre et l'essence de vanille dans un bol résistant à la chaleur posé sur une casserole d'eau frémissante et battre jusqu'à ce que le mélange épaississe. Retirer le bol de la casserole et incorporer la farine et la levure chimique. Placer de petites cuillerées du mélange sur une plaque à pâtisserie graissée et cuire au four préchauffé à 190 °C/375 °F/thermostat 5 pendant 10 minutes jusqu'à ce qu'ils soient dorés. Transférer sur une grille et laisser refroidir. Sandwich les gouttes avec la confiture et la crème et saupoudrer de sucre glace pour servir.

Meringues de base

Donne 6-8

2 blancs d'oeufs

100 g/4 oz/½ tasse de sucre en poudre (superfin)

Battre les blancs d'œufs dans un bol propre et sans graisse jusqu'à ce qu'ils commencent à former des pics mous. Ajouter la moitié du sucre et continuer à fouetter jusqu'à ce que le mélange forme des pics fermes. Incorporer légèrement le sucre restant à l'aide d'une cuillère en métal. Tapisser une plaque à pâtisserie (à biscuits) de papier sulfurisé et placer 6 à 8 monticules de meringue sur la plaque. Faites sécher les meringues au réglage le plus bas possible au four pendant 2 à 3 heures. Refroidir sur une grille.

Meringues aux Amandes

Donne 12

2 blancs d'oeufs

100 g/4 oz/½ de sucre en poudre (superfin)

100 g/4 oz/1 tasse d'amandes moulues

Quelques gouttes d'essence d'amande (extrait)

12 moitiés d'amandes pour décorer

Battre les blancs d'œufs jusqu'à ce qu'ils soient fermes. Ajouter la moitié du sucre et continuer à fouetter jusqu'à ce que le mélange forme des pics fermes. Incorporer le reste du sucre, la poudre d'amandes et l'essence d'amande. Répartir le mélange en 12 rondelles sur une plaque à pâtisserie graissée et tapissée et placer une moitié d'amande sur chacune. Cuire au four préchauffé à 130 °C/250 °F/thermostat ½ pendant 2 à 3 heures jusqu'à ce qu'ils soient croustillants.

Biscuits espagnols aux amandes et à la meringue

Donne 16

225 g/8 oz/1 tasse de sucre granulé

225 g/8 oz/2 tasses d'amandes moulues

1 blanc d'oeuf

100 g/4 oz/1 tasse d'amandes entières

Battre le sucre, la poudre d'amandes et le blanc d'oeuf en une pâte lisse. Former une boule et aplatir la pâte avec un rouleau à pâtisserie. Couper en petits ronds et placer sur une plaque à pâtisserie graissée (à biscuits). Presser une amande entière au centre de chaque biscuit (cookie). Cuire au four préchauffé à 160°C/325°F/thermostat 3 pendant 15 minutes.

Paniers Meringue Cuite

Donne 6

4 blancs d'oeufs

225–250 g/8–9 oz/11/3–1½ tasses de sucre à glacer (à confiserie), tamisé

Quelques gouttes d'essence de vanille (extrait)

Battre les blancs d'œufs dans un bol propre, sans graisse et résistant à la chaleur jusqu'à ce qu'ils soient mousseux, puis incorporer progressivement le sucre glace suivi de l'essence de vanille. Placez le bol sur une casserole d'eau frémissante et fouettez jusqu'à ce que la meringue garde sa forme et laisse une traînée épaisse lorsque le fouet est retiré. Tapisser une plaque à pâtisserie de papier sulfurisé et tracer six cercles de 7,5 cm/3 de diamètre sur le papier. En utilisant la moitié du mélange de meringue, déposer une couche de meringue à l'intérieur de chaque cercle. Placer le reste dans une poche à douille et dresser deux couches de meringue sur le pourtour de chaque fond. Sécher dans un four préchauffé à 150°C/300°F/thermostat 2 pendant environ 45 minutes.

Chips aux Amandes

Donne 10

2 blancs d'oeufs

100 g/4 oz/½ tasse de sucre en poudre (superfin)

75 g/3 oz/¾ tasse d'amandes moulues

25 g/1 oz/2 c. à soupe de beurre ou de margarine, ramolli

50 g/2 oz/1/3 tasse de sucre à glacer (pour confiseurs), tamisé

10 ml/2 c. à thé de poudre de cacao (chocolat non sucré)

50 g/2 oz/½ tasse de chocolat nature (mi-sucré), fondu

Battre les blancs d'œufs jusqu'à ce qu'ils forment des pics fermes. Incorporer le sucre en poudre petit à petit. Incorporer les amandes moulues. À l'aide d'une buse à douille de 1 cm/½ po (embout), verser le mélange en longueurs de 5 cm/2 po sur une plaque à pâtisserie (à biscuits) légèrement huilée. Cuire au four préchauffé à 140 °C/275 °F/thermostat 1 pendant 1 à 1 h 30. Laisser refroidir.

Crémer ensemble le beurre ou la mar-garine, le sucre glace et le cacao. Sandwich paires de biscuits (cookies) avec la garniture. Faites fondre le chocolat dans un bol résistant à la chaleur au-dessus d'une casserole d'eau frémissante. Tremper les extrémités des meringues dans le chocolat et laisser refroidir sur une grille.

Meringues espagnoles aux amandes et au citron

Donne 30

150 g/5 oz/1¼ tasses d'amandes émondées

2 blancs d'oeufs

Zeste râpé de ½ citron

200 g/7 oz/peu 1 tasse de sucre en poudre (superfin)

10 ml/2 cuillères à café de jus de citron

Faire griller les amandes dans un four préchauffé à 150°C/300°F/thermostat 2 pendant environ 30 minutes jusqu'à ce qu'elles soient dorées et aromatiques. Hachez grossièrement un tiers des noix et broyez finement le reste.

Battre les blancs d'œufs jusqu'à ce qu'ils soient fermes. Incorporer le zeste de citron et les deux tiers du sucre. Ajouter le jus de citron et fouetter jusqu'à consistance ferme et brillante. Incorporer le reste du sucre et la poudre d'amandes. Incorporer les amandes hachées. Placer des cuillerées de meringue sur une plaque à pâtisserie graissée et tapissée de papier d'aluminium et placer dans le four préchauffé. Réduire immédiatement la température du four à 110°C/225°F/thermostat ¼ et cuire au four environ 1h30 jusqu'à ce qu'il soit sec.

Meringues enrobées de chocolat

Donne 4

2 blancs d'oeufs

100 g/4 oz/½ tasse de sucre en poudre (superfin)

100 g/4 oz/1 tasse de chocolat nature (semi-sucré)

150 ml/¼ pt/2/3 tasse de crème double (épaisse), fouettée

Battre les blancs d'œufs dans un bol propre et sans graisse jusqu'à ce qu'ils commencent à former des pics mous. Ajouter la moitié du sucre et continuer à fouetter jusqu'à ce que le mélange forme des pics fermes. Incorporer légèrement le sucre restant à l'aide d'une cuillère en métal. Tapisser une plaque à pâtisserie (à biscuits) de papier sulfurisé et placer huit monticules de meringue sur la plaque. Faites sécher les meringues au réglage le plus bas possible au four pendant 2 à 3 heures. Refroidir sur une grille.

Faites fondre le chocolat dans un bol résistant à la chaleur posé sur une casserole d'eau frémissante. Laisser refroidir légèrement. Tremper délicatement quatre des meringues dans le chocolat afin que l'extérieur soit enrobé. Laisser reposer sur du papier sulfurisé (ciré) jusqu'à prise. Sandwich une meringue enrobée de chocolat et une meringue nature avec la crème puis répéter avec les meringues restantes.

Meringues Chocolat Menthe

Donne 18

3 blancs d'oeufs

100 g/4 oz/½ tasse de sucre en poudre (superfin)

75 g/3 oz/¾ tasse de menthes enrobées de chocolat hachées

Bats les blancs d'oeufs en neige. Incorporer progressivement le sucre jusqu'à ce que les blancs d'œufs soient fermes et brillants. Incorporer les menthes hachées. Déposer de petites cuillerées du mélange sur une plaque à pâtisserie graissée et tapissée et cuire au four préchauffé à 140 °C/275 °F/thermostat 1 pendant 1 h 30 jusqu'à ce qu'il soit sec.

Meringues aux pépites de chocolat et noix

Donne 12

2 blancs d'oeufs

175 g/6 oz/¾ tasse de sucre en poudre (superfin)

50 g/2 oz/½ tasse de pépites de chocolat

25 g/1 oz/¼ tasse de noix, hachées finement

Préchauffer le four à 190°C/375°F/thermostat 5. Battre les blancs d'œufs jusqu'à ce qu'ils forment des pics mous. Ajouter graduellement le sucre et battre jusqu'à ce que le mélange forme des pics fermes. Incorporer les pépites de chocolat et les noix. Déposer des cuillerées du mélange sur des plaques à pâtisserie graissées et mettre au four. Éteindre le four et laisser refroidir.

Meringues aux noisettes

Donne 12

100 g/4 oz/1 tasse de noisettes

2 blancs d'oeufs

100 g/4 oz/½ tasse de sucre en poudre (superfin)

Quelques gouttes d'essence de vanille (extrait)

Réservez 12 noix pour la décoration et écrasez le reste. Battre les blancs d'œufs jusqu'à ce qu'ils soient fermes. Ajouter la moitié du sucre et continuer à fouetter jusqu'à ce que le mélange forme des pics fermes. Incorporer le reste du sucre, les noisettes moulues et l'essence de vanille. Répartir le mélange en 12 rondelles sur une plaque à pâtisserie (à biscuits) graissée et tapissée et placer une noix réservée sur le dessus de chacune. Cuire au four préchauffé à 130 °C/250 °F/thermostat ½ pendant 2 à 3 heures jusqu'à ce qu'ils soient croustillants.

Gâteau étagé meringué aux noix

Donne un gâteau de 23 cm/9 po

Pour le gâteau :

50 g/2 oz/¼ tasse de beurre ou de margarine, ramolli

150 g/5 oz/2/3 tasse de sucre en poudre (superfin)

4 œufs, séparés

100 g/4 oz/1 tasse de farine ordinaire (tout usage)

10 ml/2 cuillères à café de levure chimique

Une pincée de sel

60 ml/4 cuillères à soupe de lait

5 ml/1 cuillère à café d'essence de vanille (extrait)

50 g/2 oz/½ tasse de noix de pécan, hachées finement

Pour la crème pâtissière :

250 ml/8 fl oz/1 tasse de lait

50 g/2 oz/¼ tasse de sucre en poudre (superfin)

50 g/2 oz/½ tasse de farine ordinaire (tout usage)

1 oeuf

Une pincée de sel

120 ml/4 fl oz/½ tasse de crème double (épaisse)

Pour faire le gâteau, battre le beurre ou la margarine avec 100 g/4 oz/½ tasse de sucre jusqu'à consistance légère et mousseuse. Incorporer progressivement les jaunes d'œufs, puis incorporer la farine, la levure chimique et le sel en alternance avec le lait et l'essence de vanille. Répartir dans deux moules à cake (moules) beurrés et garnis de 23 cm/9 et égaliser la surface. Battre les blancs d'œufs jusqu'à ce qu'ils soient fermes, puis incorporer le reste du sucre et fouetter à nouveau jusqu'à ce qu'ils soient fermes et brillants. Étaler sur le mélange à gâteau et parsemer de noix. Cuire au four préchauffé à 150°C/300°F/thermostat 3 pendant 45 minutes jusqu'à ce que la meringue soit sèche. Transférer sur une grille pour refroidir.

Pour faire la crème pâtissière, mélangez un peu de lait avec le sucre et la farine. Porter le reste du lait à ébullition dans une casserole, verser sur le mélange de sucre et fouetter jusqu'à homogénéité. Remettre le lait dans la casserole rincée et porter à ébullition en remuant continuellement, puis laisser mijoter en remuant jusqu'à épaississement. Retirer du feu et incorporer l'œuf et le sel et laisser refroidir légèrement. Fouettez la crème jusqu'à ce qu'elle soit ferme, puis incorporez-la au mélange. Laisser refroidir. Sandwich les gâteaux avec la crème pâtissière.

Tranches de macaron aux noisettes

Donne 20

175 g/6 oz/1½ tasses de noisettes, pelées

3 blancs d'oeufs

225 g/8 oz/1 tasse de sucre en poudre (superfin)

5 ml/1 cuillère à café d'essence de vanille (extrait)

5 ml/1 c. à thé de cannelle moulue

5 ml/1 c. à thé de zeste de citron râpé

Papier de riz

Hacher grossièrement 12 noisettes, puis piler le reste jusqu'à ce qu'elles soient finement concassées. Battre les blancs d'œufs jusqu'à ce qu'ils soient légers et mousseux. Ajouter graduellement le sucre et continuer à battre jusqu'à ce que le mélange forme des pics fermes. Incorporer les noisettes, l'essence de vanille, la cannelle et le zeste de citron. Déposez des cuillerées à thé combles sur une plaque à pâtisserie tapissée de papier de riz, puis aplatissez-les en fines lanières. Laisser reposer 1 heure. Cuire au four préchauffé à 180 °C/ 350 °F/thermostat 4 pendant 12 minutes jusqu'à ce qu'ils soient fermes au toucher.

Couche de meringue et de noix

Donne un gâteau de 25 cm/10 po

100 g/4 oz/½ tasse de beurre ou de margarine, ramolli

400 g/14 oz/1¾ tasse de sucre en poudre (superfin)

3 jaunes d'oeufs

100 g/4 oz/1 tasse de farine ordinaire (tout usage)

10 ml/2 cuillères à café de levure chimique

120 ml/4 fl oz/½ tasse de lait

100 g/4 oz/1 tasse de noix

4 blancs d'oeufs

250 ml/8 fl oz/1 tasse de crème double (épaisse)

5 ml/1 cuillère à café d'essence de vanille (extrait)

Poudre de cacao (chocolat non sucré) pour saupoudrer

Crémer ensemble le beurre ou la margarine et 75 g/3 oz/¾ tasse de sucre jusqu'à consistance légère et mousseuse. Incorporer progressivement les jaunes d'œufs, puis incorporer la farine et la levure en alternance avec le lait. Répartir la pâte dans deux moules à cake beurrés et farinés de 25 cm/10. Réserver quelques moitiés de noix pour la décoration, hacher finement le reste et parsemer les gâteaux. Fouettez les blancs d'œufs jusqu'à ce qu'ils soient fermes, puis ajoutez le reste du sucre et fouettez à nouveau jusqu'à consistance épaisse et brillante. Étaler sur le dessus des gâteaux et cuire au four préchauffé à 180°C/ 350 °F/thermostat 4 pendant 25 minutes, en recouvrant le gâteau de papier sulfurisé (ciré) vers la fin de la cuisson si la meringue commence à dorer trop beaucoup. Laisser refroidir dans les moules, puis démouler les gâteaux avec la meringue sur le dessus.

Fouetter ensemble la crème et l'essence de vanille jusqu'à consistance ferme. Sandwich les gâteaux ensemble, meringue vers le haut, avec la moitié de la crème et étaler le reste sur le dessus. Décorez avec les noix réservées et saupoudrez de cacao tamisé.

Montagnes Meringues

Donne 6

2 blancs d'oeufs

100 g/4 oz/½ tasse de sucre en poudre (superfin)

150 ml/¼ pt/2/3 tasse de crème double (épaisses)

350 g/12 oz de fraises, tranchées

25 g/1 oz/¼ tasse de chocolat nature (mi-sucré), râpé

Bats les blancs d'oeufs en neige. Ajouter la moitié du sucre et battre jusqu'à consistance épaisse et brillante. Incorporer le sucre restant. Dresser six cercles de meringue sur du papier sulfurisé sur une plaque à pâtisserie (à biscuits). Cuire au four préchauffé à 140 °C/275 °F/thermostat 1 pendant 45 minutes jusqu'à ce qu'ils soient dorés pâles et croustillants. L'intérieur restera assez mou. Retirer de la plaque et laisser refroidir sur une grille.

Fouettez la crème jusqu'à ce qu'elle soit ferme. Pocher ou verser la moitié de la crème sur les cercles de meringue, garnir de fruits, puis décorer avec le reste de crème. Saupoudrer le chocolat râpé sur le dessus.

Meringues à la crème de framboise

Pour 6 personnes

2 blancs d'oeufs

100 g/4 oz/½ tasse de sucre en poudre (superfin)

150 ml/¼ pt/2/3 tasse de crème double (épaisses)

30 ml/2 c. à soupe de sucre à glacer (à confiser)

225 g/8 oz de framboises

Battre les blancs d'œufs dans un bol propre et sans graisse jusqu'à ce qu'ils commencent à former des pics mous. Ajouter la moitié du sucre et continuer à fouetter jusqu'à ce que le mélange forme des pics fermes. Incorporer légèrement le sucre restant à l'aide d'une cuillère en métal. Tapisser une plaque à pâtisserie (à biscuits) de papier sulfurisé et déposer de minuscules tourbillons de meringue sur la plaque. Faites sécher les meringues au réglage le plus bas possible au four pendant 2 heures. Refroidir sur une grille.

Fouetter la crème avec le sucre glace jusqu'à consistance ferme, puis incorporer les framboises. Utiliser pour prendre des paires de meringues ensemble et les empiler sur une assiette de service.

Gâteaux De Ratafia

Donne 16

3 blancs d'oeufs

100 g/4 oz/1 tasse d'amandes moulues

225 g/8 oz/1 tasse de sucre en poudre (superfin)

Bats les blancs d'oeufs en neige. Incorporer les amandes et la moitié du sucre et battre à nouveau jusqu'à consistance ferme. Incorporer le sucre restant. Placer de petits ronds sur une plaque à pâtisserie graissée et tapissée et cuire au four préchauffé à 150 °C/300 °F/thermostat 2 pendant 50 minutes jusqu'à ce que les bords soient secs et croustillants.

Vacherin au caramel

Donne un gâteau de 23 cm/9 po

4 blancs d'oeufs

225 g/8 oz/1 tasse de cassonade molle

50 g/2 oz/½ tasse de noisettes, hachées

300 ml/½ pt/1¼ tasses de crème double (épaisse)

Quelques noisettes entières pour décorer

Battre les blancs d'œufs jusqu'à ce qu'ils forment des pics mous. Incorporer graduellement le sucre jusqu'à ce qu'il soit ferme et brillant. Versez la meringue dans une poche à douille munie d'une douille unie de 1 cm/½ in (embout) et déposez deux spirales de 23 cm/9 in de meringue sur une plaque à pâtisserie graissée et tapissée. Saupoudrer de 15 ml/1 c. à soupe de noix hachées et cuire au four préchauffé à 120 °C/250°F/thermostat ½ pendant 2 heures jusqu'à ce qu'elles soient croustillantes. Transférer sur une grille pour refroidir.

Fouettez la crème jusqu'à ce qu'elle soit ferme, puis incorporez les noix restantes. Utilisez la majeure partie de la crème pour prendre en sandwich les rondelles de meringue ensemble, puis décorez avec le reste de la crème et garnissez avec les noisettes entières.

Scones simples

Donne 10

225 g/8 oz/2 tasses de farine ordinaire (tout usage)

Une pincée de sel

2,5 ml/½ cuillère à café de bicarbonate de soude (bicarbonate de soude)

5 ml/1 cc de crème de tartre

50 g/2 oz/¼ tasse de beurre ou de margarine, coupé en dés

30 ml/2 cuillères à soupe de lait

30 ml/2 cuillères à soupe d'eau

Mélanger la farine, le sel, le bicarbonate de soude et la crème de tartre. Frotter dans le beurre ou la margarine. Ajouter lentement le lait et l'eau jusqu'à obtention d'une pâte molle. Pétrir rapidement sur une surface farinée jusqu'à consistance lisse, puis étaler jusqu'à 1 cm/½ po d'épaisseur et couper en ronds de 5 cm/ 2 à l'aide d'un emporte-pièce. Placer les scones (biscuits) sur une plaque à pâtisserie graissée et cuire au four préchauffé à 230 °C/450 °F/thermostat 8 pendant environ 10 minutes jusqu'à ce qu'ils soient bien levés et dorés.

Scones aux œufs riches

Donne 12

50 g/2 oz/¼ tasse de beurre ou de margarine

225 g/8 oz/2 tasses de farine auto-levante (auto-levante)

10 ml/2 cuillères à café de levure chimique

25 g/1 oz/2 cuillères à soupe de sucre en poudre (superfin)

1 œuf, légèrement battu

100 ml/3½ fl oz/6½ c. à soupe de lait

Frotter le beurre ou la margarine dans la farine et la levure chimique. Incorporer le sucre. Incorporer l'oeuf et le lait jusqu'à obtention d'une pâte molle. Pétrir légèrement sur une surface farinée, puis étaler sur environ 1 cm d'épaisseur et couper en ronds de 5 cm/2 à l'aide d'un emporte-pièce. Re-rouler les parures et découper. Placer les scones (biscuits) sur une plaque à pâtisserie graissée et cuire au four préchauffé à 230 °C/450 °F/thermostat 8 pendant 10 minutes ou jusqu'à ce qu'ils soient dorés.

Scones aux pommes

Donne 12

225 g/8 oz/2 tasses de farine complète (de blé entier)

20 ml/1½ cuillère à soupe de levure chimique

Une pincée de sel

50 g/2 oz/¼ tasse de beurre ou de margarine

30 ml/2 c. à soupe pomme à cuire (tarte) râpée

1 œuf battu

150 ml/¼ pt/2/3 tasse de lait

Mélanger ensemble la farine, la levure et le sel. Frotter dans le beurre ou la margarine, puis incorporer la pomme. Incorporer graduellement suffisamment d'œuf et de lait pour obtenir une pâte molle. Étaler sur une surface légèrement farinée jusqu'à environ 5 cm d'épaisseur et couper en rondelles à l'aide d'un emporte-pièce. Placer les scones (biscuits) sur une plaque à pâtisserie graissée et badigeonner avec l'œuf restant. Cuire au four préchauffé à 200°C/400°F/thermostat 6 pendant 12 minutes jusqu'à ce qu'ils soient légèrement dorés.

Scones aux pommes et noix de coco

Donne 12

50 g/2 oz/¼ tasse de beurre ou de margarine

225 g/8 oz/2 tasses de farine auto-levante (auto-levante)

25 g/1 oz/2 cuillères à soupe de sucre en poudre (superfin)

30 ml/2 cuillères à soupe de noix de coco desséchée (râpée)

1 pomme à manger (à dessert), pelée, épépinée et hachée

150 ml/¼ pt/2/3 tasse de yaourt nature

30 ml/2 cuillères à soupe de lait

Frotter le beurre ou la margarine dans la farine. Incorporer le sucre, la noix de coco et la pomme, puis incorporer le yaourt pour faire une pâte molle, en ajoutant un peu de lait si nécessaire. Étaler sur une surface légèrement farinée à environ 2,5 cm d'épaisseur et couper en rondelles avec un emporte-pièce (biscuit). Placer les scones (biscuits) sur une plaque à pâtisserie graissée et cuire au four préchauffé à 220 °C/425 °F/thermostat 7 pendant 10 à 15 minutes jusqu'à ce qu'ils soient bien levés et dorés.

Scones aux pommes et aux dattes

Donne 12

50 g/2 oz/¼ tasse de beurre ou de margarine

225 g/8 oz/2 tasses de farine ordinaire (tout usage)

5 ml/1 c. à thé d'épices mélangées (tarte aux pommes)

5 ml/1 cc de crème de tartre

2,5 ml/½ cuillère à café de bicarbonate de soude (bicarbonate de soude)

25 g/1 oz/2 cuillères à soupe de cassonade molle

1 petite pomme à cuire (à tarte), pelée, épépinée et hachée

50 g/2 oz/1/3 tasse de dattes dénoyautées (dénoyautées), hachées

45 ml/3 cuillères à soupe de lait

Frotter le beurre ou la margarine dans la farine, le mélange d'épices, la crème de tartre et le bicarbonate de soude. Incorporer le sucre, la pomme et les dattes, puis ajouter le lait et mélanger en une pâte molle. Pétrir légèrement, puis étaler sur une surface farinée jusqu'à 2,5 cm d'épaisseur et découper en rondelles à l'aide d'un emporte-pièce. Placer les scones (biscuits) sur une plaque à pâtisserie graissée et cuire au four préchauffé à 220 °C/425 °F/thermostat 7 pendant 12 minutes jusqu'à ce qu'ils soient levés et dorés.

Scones à l'orge

Donne 12

175 g/6 oz/1½ tasses de farine d'orge

50 g/2 oz/½ tasse de farine ordinaire (tout usage)

Une pincée de sel

2,5 ml/½ cuillère à café de bicarbonate de soude (bicarbonate de soude)

2,5 ml/½ cuillère à café de crème de tartre

25 g/1 oz/2 cuillères à soupe de beurre ou de margarine

25 g/1 oz/2 cuillères à soupe de cassonade molle

100 ml/3½ fl oz/6½ c. à soupe de lait

Jaune d'oeuf à glacer

Mélanger les farines, le sel, le bicarbonate de soude et la crème de tartre. Frotter le beurre ou la margarine jusqu'à ce que le mélange ressemble à de la chapelure, puis incorporer le sucre et suffisamment de lait pour faire une pâte molle. Étaler sur une surface légèrement farinée à 2 cm/¾ d'épaisseur et couper en rondelles avec un emporte-pièce (biscuit). Placer les scones (biscuit) sur une plaque à pâtisserie graissée et badigeonner de jaune d'œuf. Cuire au four préchauffé à 220 °C/425 °F/thermostat 7 pendant 10 minutes jusqu'à ce qu'ils soient dorés.

Scones aux dattes

Donne 12

225 g/8 oz/2 tasses de farine complète (de blé entier)

2,5 ml/½ cuillère à café de bicarbonate de soude (bicarbonate de soude)

2,5 ml/½ cuillère à café de crème de tartre

2,5 ml/½ cuillère à café de sel

40 g/1½ oz/3 cuillères à soupe de beurre ou de margarine

15 ml/1 cuillère à soupe de sucre en poudre (superfin)

100 g/4 oz/2/3 tasse de dattes dénoyautées (dénoyautées), hachées

Environ 100 ml/3½ fl oz/6½ cuillères à soupe de babeurre

Mélanger la farine, le bicarbonate de soude, la crème de tartre et le sel. Frotter le beurre ou la margarine, puis incorporer le sucre et les dattes et faire un puits au centre. Incorporer graduellement juste assez de babeurre pour obtenir une pâte moyennement molle. Étaler épais et couper en triangles. Placer les scones (biscuits) sur une plaque à pâtisserie graissée et cuire au four préchauffé à 230 °C/450 °F/thermostat 8 pendant 20 minutes jusqu'à ce qu'ils soient dorés.